ABENTEUER HURE

W0405508

Felix Ihlefeldt

ABENTEUER HURE

Prostitution als heimliches Hobby

Frauen erzählen über
Lust, Selbstbestimmung und Geld

Schwarzkopf & Schwarzkopf
Verlag

Für mich gibt es nur eine Unmoral:
Die Trägheit des Herzens.

Henry Miller

Einleitung

In diesem Buch kommen Frauen zu Wort, die in dem, was sie tun, Außenseiterinnen sind. Frauen, die Sex für Geld anbieten, aber dies dennoch nicht »professionell« tun, sondern als eine Art Nebenerwerb, neben einem ganz normalen Alltags- oder Erwerbsleben im bürgerlichen Sinne. Nicht Gegenstand dieses Buches ist aber Prostitution in ihrer Schattenseite, der sexuellen Ausbeutung von Frauen und Minderjährigen um des Profits willen, wovon sich der Autor klar distanziert.

Es ist ein spannendes Thema. Spannend, weil diese Frauen, mit der Art, wie sie ihre Sexualität leben, aus dem Raster gesellschaftlicher Wunschvorstellungen ausbrechen. Sie tun das allesamt selbstbestimmt und frei. Und so habe ich zu ihnen Kontakt gesucht und Vertrauen gefunden. Dafür und für die Offenheit im Gespräch bedanke ich mich.

Diese Frauen tun Dinge, die viele nicht wahrhaben wollen und andere, besonders in ihrer nächsten Umgebung, niemals erfahren werden. Aber spätestens wenn man durch die Erotikseiten des Internets surft, tauchen sie auf – die sogenannten Hobbyhuren. Schon der Begriff hat mich neugierig gemacht. Da gehen also Frauen mehr oder weniger offen nach der Arbeit oder auch neben dem Haushalt »anschaffen«?

Warum machen sie das? Was reizt Frauen, sozusagen auf dem Grat zum Rotlichtmilieu zu balancieren, ohne jedoch jemals ein Teil davon zu werden? Ist es ein Ausdruck besonderer sexueller Emanzipation? Ein selbstgewähltes erotisches Rollenspiel auf Zeit? Ist es eine Art »Kick« oder eine Methode, überdurchschnittlich große sexuelle Lust selbstbestimmt zu erleben und dabei, wie es oft so schön heißt, »das Angenehme mit dem Nützlichen zu verbinden«? Ist es Beziehungsunlust, nehmen sie das Geld nur, um sich nicht weiter auf Männer einlassen zu müssen und Sex ohne Verpflichtungen haben zu können? Brauchen sie das Erlebnis als Ausdruck der Suche nach der eigenen Rolle im Sex? Oder haben sie schlicht Schulden und sehen keine andere Wahl? Wollen sie etwas finanzieren und es geht nur darum, also gar nicht um die Lust am Sex? Oder sind sie es leid, tagsüber im Job die »Heilige« spielen zu müssen, wo sie doch lieber die »Hure« wären, so daß sie sich einen Ausgleich verschaffen?

Was ich festgestellt habe, ist – diese Beweggründe kommen fast alle vor. Oft mischen sich verschiedene davon. Und eines ist auch wahr: Es sind überwiegend keine dummen, sondern im Gegenteil oft sehr interessante Frauen, die klar unterscheiden können, was sie wollen und was sie nicht wollen, präzise in der Wahrnehmung der Männer und scharf in ihrem Urteil.

Männer, die zu diesen Frauen gehen, sind dankbar, daß es sie gibt. Sie suchen auch ausdrücklich die Dienste *dieser* Frauen. Sie erleben oft, daß so eine Frau viel eher ihre eigene Lust mit einbringt, als es sich Professionelle erlauben, da sie sich die Männer ja viel mehr selbst aussucht und es also für einen Mann auch eine Art Bestätigung ist, wenn er so eine Frau für ihre Dienste »bezahlen darf«.

Kann ich als Mann überhaupt ein authentisches Buch über Frauen schreiben? Werden besonders Leserinnen mir das überhaupt abnehmen? Nun – was das betrifft, hätte möglicherweise die eine oder andere Frau einzelne intime Details wohl eher einer Autorin als mir erzählt. Andererseits weiß ich auch, daß Frauen anderen Frauen gegenüber durchaus nicht immer so offen sind, wie man annehmen könnte. Dazu kommt, daß eine Frau, die ein solches Buch schreibt und sich, beispielsweise aus Respekt vor den Interwiewpartnerinnen, nicht von ihnen distanziert, schnell in den Verdacht geraten würde, »auch so eine« zu sein. Eine Frau müßte daher schon sehr mutig sein, wenn sie das riskieren wollte. Doch eigentlich ist es egal – nie erzählt eine Frau jedem alles, aber das, was sie erzählt, sagt genügend über sie aus. Sie hat das Recht auf ihre eigene Art der Selbstdarstellung – es ist ein Teil ihrer Persönlichkeit.

Die meisten Frauen bekamen im Vorfeld einen Fragenkatalog, waren aber nicht – weder in der Reihenfolge ihres Erzählens, noch inhaltlich – daran gebunden. Bei anderen habe ich eine freiere Form des Interviews gewählt, weil mir bestimmte Fragen nicht passend erschienen. Außerdem habe ich allen Anonymität zugesichert. Alle Versuche, jemanden zu diskreditieren oder die reale Person hinter der Geschichte zu ermitteln, würden in reiner Spekulation enden, denn Name, Biographie und Orte wurden verändert. Wegen der gesellschaftlichen Brisanz dieses Themas entstanden trotz aller Offenheit und allen in mich gesetzten Vertrauens keine vollständigen Persönlichkeitsbilder. Es bleiben Lücken, es werden, besonders für kritische Leser, immer Fragen offen bleiben. Die Ängste der Frauen vor Identifizierung durch Personen aus ihrem Umfeld sind zu respektieren. Denn solche Ängste, die immer auch irrational sind, lassen sich auch nicht durch eine zugesicherte Anonymisierung vollständig entkräften. Dazu kommt, daß – wie im »normalen Leben« – die Frauen unterschiedlich sind, nicht alle reflektieren sich selbst und ihr Handeln gleichermaßen tief. Ich sah es jedoch nicht als meine Aufgabe an, durch insistierendes Fragen nachzuhelfen, denn alle Frauen haben ein Recht darauf, so zu sein, wie sie sind.

Hürden

Ohne das Internet wäre das Buch gar nicht zustande gekommen. Es wäre eine fast unlösbare Aufgabe gewesen, ohne diese Informationsplattform eine hinreichende Anzahl von Frauen zu finden. Aber da gibt es viele Irrwege, denn der Begriff »Hobbyhure« wird sowohl von Anbietern kommerzieller Erotikprogramme als auch von Profihuren gezielt vermarktet, um Interessenten auf ihre Seiten zu locken. Es hat sich sehr schnell herumgesprochen, daß mit diesem Begriff bestimmte Erwartungen bei Männern verbunden werden, auch wenn das, was dann geboten wird, auch nicht im Entferntesten etwas damit zu tun hat, wie beispielsweise Webcam-Peep-Shows.

Entscheidend für die Auswahl der Interviewpartnerinnen war, daß eine Frau Verabredungen für Geld nebenbei oder in einem geringen Umfang trifft, nicht völlig davon lebt beziehungsweise in ihrem täglichen Leben andere Prioritäten hat. Das heißt also, daß sie sich selbst nicht als professionelle Hure versteht. So kam eine Hamburger Medizinstudentin nicht in Frage, weil sie sich selbst klar als Profi darstellte. Und eine Frau, die mit dem Begriff »Hobbyhure« wirbt, obwohl sie eine derart umfangreiche Erotikplattform betreibt, daß es auf einen Vollzeitjob hinausläuft, habe ich nicht weiter ermutigt, mir ein Interview zu geben. Natürlich waren auch nicht alle Frauen, die ich kontaktiert habe, bereit sich zu äußern. Die Gründe für die Ablehnung waren unterschiedlich und reichten von Mißtrauen mir oder meinen Motiven gegenüber, grundsätzlichem Desinteresse, Angst vor Outing trotz zugesicherter Anonymität bis hin zu dem Satz einer »Edel-Hobbyhure«: »Und – was soll mir das bringen?« Eine wollte lieber selbst ein Buch schreiben und sah mein Anliegen als Konkurrenz zu ihrem. Und manchmal gab es einfach ein nicht hinterfragbares »Nein, ich möchte nicht«.

Viele Mail-Anfragen wurden einfach nicht beantwortet oder verliefen im Sande. Daher ist die Auswahl der Frauen in diesem Buch auch nicht unbedingt »repräsentativ« für alle Hobbyhuren, denn ich vermute, daß gerade diejenigen, denen es weniger um die eigene Lust und dafür mehr um das schnelle Geld geht oder die Angst vor bestimmten Fragen haben, eben nicht bereit für ein Interview waren.

Hier nun ein Beispiel für einen mißlungenen Kontaktversuch über einen Chat:

Autor: *Guten Abend! Bist du aus purer Neugierde Mitglied im Hurenforum?*

Sie: *Nein, aus Absicht!*

Autor: *Ich schreibe gerade einen Hobbyhuren-Report und suche noch Interviewpartnerinnen* (gebe ihr den Link zu einer Internetseite, auf der ich mein Projekt darstellte).

Sie: *Du schreibst ein Buch darüber?*

Autor: *Ja, aber nicht über Profihuren, da gibt es schon genug Bücher.*

Sie: *Ja, habe mal kurz deine Seite gecheckt.*

Autor: *Ich würde dich gern zum Mitmachen gewinnen.*

Sie: *Mal sehen, mag keine Tonbandinterviews mit völlig Fremden.*

Autor: *Das verstehe ich, deswegen können wir gern vorher einen Sympathiecheck machen, gegebenenfalls kannst du Frauen kontaktieren, die ich schon interviewt habe.*

Sie: *Und wie viele hast du schon interviewt?*

Autor: *Fünf bisher.*

Sie: *Aha.*

Autor: *Damit du mehr über mich weißt, kannst du auf ...* (nenne ihr die Webseiten) *etwas über meinen beruflichen Hintergrund erfahren.*

Sie: *Du schreibst aber beruflich?*

Autor: *Nein, privat – vielleicht wird's mal ein Beruf, ich schreibe bisher nur Geschichten.*

Sie: *Und jetzt über Frauen wie mich.*

Autor: *Eine kann ich dir gern mal rüberschicken, eine Hobbyhuren-Geschichte.*
Sie: *Gerne.*
(Sende ihr die Geschichte zu.)
Autor: *Schon unterwegs.*
(Offenbar liest sie gerade die Geschichte.)
Sie: *Und das ist eine echte Geschichte?*
Autor: *Jein, aber die Frau, für die ich sie geschrieben habe, fand sich fast perfekt porträtiert.*
Sie: *Aha, ist komplett anders als bei mir. Interessant.*
Autor: *Du meinst, die Geschichte ist anders?*
Sie: *Ja, meine ist ganz anders.*
Autor: *Das ist auch das Spannende, wenn es bei allen gleich wäre, brauchte man nur eine Frau zu fragen.*
Sie: *Stimmt allerdings.*
Autor: *Ich schlage vor, daß wir ganz unverbindlich telefonieren.*
Sie: *Ich telefoniere niemals darüber unverbindlich!*
Autor: *Wie meinst du das?*
Keine Antwort. (Telefoniert sie nur, wenn es Geld bringt?)
Autor: *Ich meine das in dem Sinne, daß du einen persönlicheren Eindruck von mir bekommst.*
Sie: *ICH entscheide, ob ich ein Interview gebe! Und den Eindruck verschaffe ich mir hier. Angebote, zu telefonieren, bekomme ich pro Stunde ca. 10mal.*

An dieser Stelle bekam ich einen heftigen Schreck. Was ist denn jetzt passiert, mit welcher Vehemenz werde ich denn hier zurechtgewiesen? Ich beschloß, es nicht persönlich zu nehmen, schließlich will ich ja was von ihr.

Autor: *Ja, das kann ich mir vorstellen, bist eben eine viel gefragte Frau.*
Lange Pause.
Autor: *Jetzt kannst du also alles fragen, was du wissen willst.*

Lange Pause.

Autor: *Im Moment ist* *Lena* *online, die macht den Job schon seit sechs Jahren und kennt mich persönlich.*

Sie: *Aha, woher kennt sie dich?*

Autor: *Schon aus alten Zeiten, aus dem xyz-Chat, wir sind mittlerweile befreundet.*

Sie: *Aha.*

Autor: *Und ich habe sie auch schon besucht.*

Pause.

Autor: *Mir geht es unter anderem darum, dieses Hobby als etwas ganz Normales darzustellen und damit dazu beizutragen, daß die Frauen aus dem Blickwinkel des »Unmoralischen« herauskommen.*

Sie: *Ehrenvolle Absicht. Aber ich denke, gerade Frauen, die so was nicht als Profi, sondern als Gelegenheitshure machen, sind geächtet.*

Autor: *Ja eben, es ist ja auch kein Buch über Profis.*

Lange Pause, ich frage mich, was braucht sie denn noch?

Autor: *Und deswegen bleiben auch alle persönlichen Daten geschützt.*

Lange Pause.

Autor: *Bist du gerade stark beschäftigt?*

Ende des Dialogs.

Ich habe sie nach dieser Erfahrung nicht mehr gefragt.

Von einer Frau aus dem Osten des Landes bekam ich schon am Telefon eine Absage. Sie hatte den Versuch, als Hobbyhure zu jobben, nach kurzer Zeit wieder beendet und nur schlechte Erfahrungen gemacht. Sie erzählte, daß sie nur blöde Mails bekommen hätte und der Meinung wäre, es würde zu neunundneunzig Prozent nur ums Geld gehen. Frauen, die etwas anderes behaupten, würden mir wahrscheinlich nur eine erfundene Story auftischen. Sie sah auch keinen Unterschied zu den Profihuren, von denen sie aus ihrer Gegend wohl einige kennt, und hatte insgesamt ein ziemlich negatives Bild. Jetzt hätte sie endlich ihren Traummann kennengelernt und konnte zum Glück aussteigen. Ich fand es schade, daß ich sie nicht für ein Interview gewinnen konnte, denn mir ging es gar nicht darum, nur Erfolgsstories aufzutischen – es sollte ein so vielfältiges Bild wie möglich werden.

Nun, ich bin aber auch nicht der Meinung, daß mir die Interviewpartnerinnen erfundene Stories aufgetischt haben. Dazu waren sie in ihrer Erzählweise viel zu spontan, authentisch, nachdenklich, und – das meiste war in sich absolut schlüssig. Ob das eine oder andere Detail mir zuliebe erfunden wurde, kann ich nicht ausschließen, aber ich denke, das ist nicht wichtig. Erfolgsstories sind es jedenfalls nicht ausschließlich. Und jetzt erzählen die Frauen.

Felix Ihlefeldt

»Das ist einfach wie Urlaub für mich.«

Elisabeth (35, Verwaltungsangestellte)

Ich bin Elisabeth, wohne im Rhein-Main-Gebiet, bin 35 Jahre alt, mit normaler Figur, normal aussehend, nicht zu hübsch, nicht zu häßlich, arbeite als Verwaltungsangestellte im kirchlichen Dienst, halbtags, weil ich seit einigen Jahren alleinerziehend bin. Ich wohne in einer Kleinstadt, was meinen Umgang mit Männern auch etwas erschwert, weil hier die Nachbarn sehr hellhörig sind. Also, ich denk' mal, in einer anonymen Großstadt würde das Ganze weniger auffallen. Aber das Leben in der Kleinstadt ist mir etwas wert, sie hat ein besonderes Flair und auch mehr Ruhe.

Ich war schon immer sehr aufgeschlossen in sexueller Hinsicht. Habe auch öfter, ungefähr seit meinem 21. Lebensjahr, One-Night-Stands und solche Sachen praktiziert. Es war mir eigentlich nie so wichtig, nur aus partnerschaftlichen Gründen mit einem Mann ins Bett zu gehen, sondern immer auch um meiner Befriedigung willen, ohne große Gefühle. Ich kann Partnerschaft von sexuellen Affären trennen. Partnerschaft habe ich nie gebraucht, um Sex zu haben, aber natürlich brauche ich auch einen Partner.

Auf die Idee, als Hobbyhure zu jobben, bin ich gekommen, nachdem ich die ersten SM-Erfahrungen gemacht habe. Da habe ich ungefähr ein, zwei Jahre mit experimentiert. Das Ganze ging sozusagen fließend ineinander über. Auch dafür habe ich mir wechselnde Partner gesucht oder, besser gesagt, nur wechselnde Partner gefunden. Auch wenn es nicht immer hundertprozentig stimmig war, für mich waren die Erfahrungen alle sehr gut und auch befriedigend. Als dann die finanzielle Situation für mich immer schwieriger wurde und ich nicht mehr ein und aus wußte, kam ich auf die Idee, mich als Hobbyhure zu verkaufen. Ich habe das Ganze im gleichen Internet-Chat angefangen, in dem ich auch schon vorher als sogenannte Sklavin unterwegs war, und bin aber unerkannt geblieben, das heißt, ich habe die beiden Rollen voneinander getrennt. Irgendwie muß das ja nicht jeder wissen. Auch wenn man in einem Chat anonym ist, hat man doch seine Bekanntschaften, und die wollte ich das nicht unbedingt wissen lassen, bis auf ein, zwei Ausnahmen. Mit denen habe ich auch gute Gespräche geführt, wie das Ganze dann umzusetzen ist, was man zu beachten hat, wie ich mich schützen kann, um meine Anonymität zu wahren und keine schlechten Erfahrungen zu machen, und was für Sachen da bedacht werden mußten, bevor ich mich überhaupt darauf einlassen kann, als Hobbyhure zu jobben.

Die Idee an sich hatte für mich einen großen Kick. Wenn ich mich im Internet mit den Jungs unterhalten habe und die gefragt haben: »Hey, machst du das und das?« und ich geschrieben habe: »Ja, ich mache das und das«, dann hat mich das erregt, mich darüber zu unterhalten, und ich hatte das Gefühl, daß es meinen Selbstwert erhöht. Weil auf einmal Männer bereit waren, für mich zu bezahlen! Das hat mir einen Kick gegeben. Auch außerhalb der Chats. Die Gedanken, die ich mir darüber gemacht habe, haben mich erregt, aber es mußte ja auch erst mal zu einem ersten Termin kommen. Das war gar nicht so einfach: Den Mann hab' ich auch in dem Chat kennengelernt, der wohnte hier in der Nähe, war nicht besonders attraktiv, aber auch nicht unattraktiv. Ich hab' ihm nicht gesagt, daß er mein erster Kunde ist, das wollte ich dann doch nicht zugeben, und hab' mit ihm auch erst mal nur einen Kurztermin verabredet. Da hab' ich erst mal nur eine Stunde eingeplant und wollte einfach wissen, ob ich fähig bin, das durchzuziehen, bevor ich groß mit einer eigenen Homepage anfange. Es war sehr aufregend! Es war so aufregend und hat mich so beschäftigt, daß ich eigentlich nicht in der Lage war, mich fallenzulassen. Ich glaub', das hätte ich auch nicht länger als eine Stunde durchgehalten. Als die ganze Sache gelaufen war, lag dann aber das Geld auf dem Tisch, und ich war froh, daß es vorbei war. Ich hab' dann schon ein, zwei Tage gebraucht, um zu gucken, ob ich das überhaupt machen kann und ob es mir Spaß macht, und hab' das dann doch weitergemacht. Denn es war keine Erfahrung, die mich irgendwie abgestoßen hat, es war einfach eine neue Erfahrung. Und daraus habe ich meine Folgerungen gezogen und aus dem Termin danach auch. Ich habe nie eine schlechte Erfahrung gemacht, also eine so schlechte Erfahrung, daß ich gesagt hätte, ich mag nicht mehr. Einmal war auch ein Mann dabei, der eher grob und uneinfühlsam war. Was mich schon ein bißchen irritiert hat und mich dann dazu gezwungen hat zu sagen: »Hey, stop, mach mal langsam, ich bin nicht aus Holz.« Und dabei kam heraus, daß er mich aufgrund der Bilder auf meiner Homepage und der Gespräche so eingeschätzt hatte, daß ich das mag. Dann hab' ich ihm aber gesagt, nee, wenn da steht, ich mag von zart bis wild, dann heißt das nicht, daß ich nur wild mag. Ich mag's auch mal zart und vor allem langsam steigernd. Gleich volle Kanne, nee, das ist brutal. Das war also ein nicht so tolles Erlebnis, es war aber nicht so, daß er mich geschlagen hätte oder so.

Ich mache eigentlich keine Termine mehr, die nur kurz sind, weil das beiden Beteiligten nur wenig bringt. Das war mir eigentlich schon vorher klar, denn ich wußte, ein Zusammensein unter einer Stunde bringt mir nichts. Wenn, dann habe ich mit jemandem einen netten Abend, und da gehört alles dazu: Essen gehen, einen Kaffee trinken oder sich einfach nur treffen und dann ein Glas Sekt miteinander trinken, dann langsam aufeinander zugehen, Spaß miteinander haben, auch Pausen machen, danach noch Duschen und sich ein bißchen unterhalten und entspannen! Einfach entspannen – ein schöner, netter Abend, und das kann man auch als »Hure« erwarten, daß man sagt, ich mache keine Viertelstunden-Dates oder zwei Nummern für so und so viel, sondern sagt, ich biete dir einen ganzen Abend oder zwei, drei Stunden für einen Pauschalpreis. Und schließlich, die Nachfrage bestimmt das Angebot. Dafür gibt es eben auch eine Nachfrage. Es gibt nicht nur Männer, die auf Teufel komm raus innerhalb von fünf Minuten befriedigt sein wollen. Sondern eben auch die, die einen schönen Abend mit einer Frau haben wollen. Einige würden deswegen gar nicht ins Bordell gehen. Das klärt man alles vorher am Telefon. Ich habe eine Handynummer für diesen Zweck organisiert. Da guck' ich am Telefon schon, ob die Einstellung mir paßt. Und wenn es nicht paßt, dann muß man sich nicht treffen. Und wenn doch, dann trifft man sich erst mal unverbindlich, guckt, ob die Chemie stimmt, ob's beide sich vorstellen könnten, dann klappt es – oder auch nicht. Unverbindlich! Und solange das für mich unverbindlich ist, genauso wie für den »Kunden«, kann man auch offener aufeinander zugehen. Sollte man sich dann gegenübersitzen und nichts miteinander anfangen können, dann können beide auch unbehelligt wieder gehen. Dann will ich von ihm nichts, und er hat von mir nichts zu wollen. Und das funktioniert. Die Nachfrage ist da. Ich habe auch Männer weggeschickt, solche, die unter fünfundzwanzig sind und sich als über dreißig ausgegeben haben, und zum Beispiel einen Achtundzwanzigjährigen, der noch keine sexuellen Erfahrungen gemacht hatte – darauf wollte ich mich dann auch nicht einlassen, weil die Gefahr zu groß war, daß ihn dadurch zu viel an mich bindet. Außerdem hab' ich Männer weggeschickt, die mir unsympathisch waren oder mich abgestoßen haben.

Natürlich stellt sich die Frage, was ich tue, wenn mir einer meiner Kunden mal sehr sympathisch ist, so sympathisch, daß ich mir eigentlich auch mehr mit ihm vorstellen könnte. Ich habe aber entschieden, daß ich mich nie beziehungsmäßig mit einem Kunden einlassen werde, weil ich dann immer das Gefühl hätte, der Mann sieht mich als Hure. Oder sucht eine Partnerin, die eine Hure ist. Und das ist für mich keine Basis für eine Beziehung.

Wenn ich mich mit den Männern treffe, mache ich auch nichts ohne Kondom, weil ich das Kind habe und noch ein paar Jahre Verantwortung, lass' ich mich auf gefährliche Sachen nicht ein. Ich mach' keine Sachen, die in die Toilette gehören, das ist für mich tabu. Und halt nichts Brutales oder Schmerzhaftes, oder was Spuren hinterläßt. Weder aktiv noch passiv. Genauso wenig, wie ich einen Mann übern Tisch ziehen würde. Also indem ich ihm das Geld abnehme und dann durch die Hintertür verschwinde oder solche Sachen. Meine Ehrlichkeit und meinen Charakter will ich mir erhalten. Und ich verkaufe nicht meine Seele. Also, ich würde für Geld bei weitem nicht alles tun.

Was mir aber Angst macht, ist, daß die ganze Sache bekannt wird und ich mit gesellschaftlichen Problemen rechnen muß. Das ist auch der Grund, warum ich mich über das Internet, telefonisch und anonym verabrede. Ich habe keine Lust darauf, daß meine Tochter in der Schule zu hören bekommt, daß ihre Mutter eine Hure ist. Das bin ich nicht. Ich bin in meinen Augen eine Frau, die ihre »sexuellen Phasen« erlebt. Es ist in dem Sinne egal, ob ich mich dafür bezahlen lasse oder nicht. Für mich ist es ein Leben neben dem Alltag. Es ist ein Leben, wo ich mal was anderes machen kann, wo ich ein gewisses Abenteuer, eine gewisse Freiheit ausleben kann. Ich kann dadurch sozusagen ein zweites Leben führen. Und der Reiz des Verbotenen ist es, was mich anmacht. Irgendwo ist es verwerflich, aber andererseits macht es mir soviel Spaß, daß mir in dem Moment egal ist, daß es »verwerflich« ist. Es ist auch ein Protest gegen Konventionen und Zwänge. Ich bin eh kein Mensch, der viel mit Regeln und Ritualen anfangen kann. Ich breche ganz gerne aus, schon immer.

Denn die sexuelle Moral oder was man für verwerflich hält, ist in jedem Kopf anders. Der eine sagt, er ist tolerant, und wenn man ihm zum Beispiel von meinem Hobby erzählt, ist er es auf einmal gar nicht mehr. Dann hab' ich auch Freunde, die davon wissen, es aber selbst nie machen würden, und weil sie mich kennen, das Ganze aber akzeptieren und nicht sagen, wir können dich nicht zu uns einladen, weil – du paßt nicht in unsere Moral. Das würde mir da nie passieren. Moral ist das, was man akzeptiert oder nicht akzeptiert. Kirchliche oder religiöse Moralvorstellungen habe ich natürlich auf gar keinen Fall, obwohl ich bei der Kirche arbeite. Aber das ist mir jetzt auch nicht wichtig. Ich breche schon sowieso ein gesellschaftliches Tabu, also wenn meine Nachbarn auch nur sehen, daß in der Woche zwei verschiedene Männer ein- und ausgehen – dann ist das für die schon ein Grund, sich Gott weiß was vorzustellen, was bei mir läuft. Dabei sind das Freunde, mit denen ich nur frühstücke oder die mir helfen, am Rechner was zu machen. Und das finde ich total unpassend. Es wird einfach darüber gelästert, daß ich überwiegend männliche Freunde habe. Von meinem Hobby können die nichts wissen, davon kriegen sie ja auch gar nichts mit. Aber ich erwecke anscheinend schon so den Eindruck oder stelle mich manchmal aufgrund solcher Äußerungen selbst in Frage, eigentlich kann es mir egal sein. Ich leb' mein Leben. Wenn ich es nicht leb', lebt es kein anderer für mich. »Bürgerliche Moral« gehört nicht zu den Sachen, die mir wichtig sind. Da sind mir andere wichtiger. Daß man ehrlich zueinander ist und niemandem was antut, was man selbst nicht erleben möchte, daß man füreinander da ist, wenn man sich im Freundeskreis oder der Familie braucht. Jeder soll das tun, was er für richtig hält, ohne jemand anderem damit weh zu tun oder jemanden zu verletzen, egal ob das moralisch oder unmoralisch ist. Solange man nichts mit Kindern hat oder Unbeteiligte mit reinzieht in die ganze Sache, zum Beispiel, daß man öffentlich vögelt, und der Aufzug geht auf und es stehen alte Leute davor, die fast einen Herzinfarkt kriegen ... Solange man es für sich macht, ohne andere zu belästigen, ist es ja okay. Was zum Beispiel nicht ginge, aus »moralischen Gründen«, ist, daß ich meine Adresse bekannt gebe oder auf die Klingel schreibe, »hier sind Sie bei Nutte Elisabeth«, und da stehen dann Schlangen vor der Tür mit onanierenden Männern. Das kann ich natürlich nicht bringen. Ich kann hier keinen Puff aufmachen, das geht nicht. Aber das hat was mit Rücksicht zu tun, weniger mit Moral.

Mit Männern komme ich allgemein besser klar als mit Frauen. Irgendwie gibt es da mehr Seelenverwandschaft. Ich hab' vielleicht eine maskuline Denkweise. Was nicht bedeutet, daß ich Männer immer verstehe, weil man auch eine unterschiedliche Sprache hat. Irgendwie kann ich mich in Männer mehr einfühlen. Frauen haben manchmal Charakterzüge, die ich nicht so ganz nachvollziehen kann. Die Interessen sind auch andere, die Basis. Ich komme in einer Männerrunde einfach besser klar als in einer Frauenrunde. Da fühl' ich mich einfach wohler unter den Männern. Und wir haben viel Spaß miteinander, solange sie mich nicht anbaggern. Das ist bei mir ein anderes Problem, weshalb ich im Internet auch mit Anmache und Baggereien und Komplimenten nicht viel anfangen kann. Das ist für mich nicht so berauschend. Ich mach' so was lieber mit Gesten oder ohne Worte, indem man sich gegenüber sitzt und das Ganze kommt irgendwie körperlich rüber. Daß man sich zueinander hinwendet und sich anlächelt – so dieses face-to-face ist mir wichtiger. Das geht natürlich im Internet eher weniger, da geht's mehr so um den Sex an sich.

Im Unterschied zu professionellen Huren würde ich nie meinen Job aufgeben, und ich könnte auch nicht so im Akkord arbeiten, dafür bin ich zu sensibel, denn ich lasse die Männer einfach zu nahe an mich ran. Also, ich fertige niemanden ab! Es ist auch nicht so, daß ich es nur wegen des Geldes mache. Auch wenn ich plötzlich viel Geld hätte – ich denke, ich würde es trotzdem machen, zur Hälfte mache ich es wahrscheinlich wegen des Geldes und zur anderen Hälfte, weil es mir einen Kick gibt. Was eben blöd ist, ist, daß ich das Kind hab', das ich ja nicht ständig allein lassen kann. Ich muß immer einen Babysitter organisieren. Und diese ganzen Sachen drumherum sind eben eine Belastung. Das vermiest mir die Sache so ein bißchen.

Ich hab' schon manchmal Männer für die Hälfte des Geldes gehen lassen, das heißt, ich hab' am Telefon gesagt, ich nehm' so und so viel – weil, es war mir wichtig, daß er auch bereit ist, das zu bezahlen, und wenn er dann gesagt hat, oh, jetzt sind aber die drei Stunden um und mehr habe ich nicht dabei, dann hab' ich gesagt: »Wir haben jetzt soviel Spaß, und spätestens um drei Uhr muß ich ins Bett, dann bleib doch einfach noch, warum sollen wir uns um Geld streiten, wenn's doch gerade so schön ist.« Also, ich hab' nicht den Preis halbiert, sondern die Zeit verdoppelt. Natürlich kommt es auf den Mann an, ich hab' ja auch schon Männer gehabt, wo ich dann froh war, daß die Zeit vorbei war. Weil es eben gereicht hat, und nicht, weil es mir keinen Spaß gemacht hätte.

Meine besondere Vorliebe ist halt das Fisting. Das sag' ich den Männern auch schon am Telefon, meistens. Bei dieser Vorliebe hab' ich das Problem, daß ich mit den Männern gezwungenermaßen vorher darüber reden muß. Wenn ich zum Beispiel mit dieser Vorliebe in einen Swingerclub gehe und man da sofort intim wird, kann man das schlecht mittendrin erzählen – das macht Spontanaktionen mit wildfremden Männern etwas schwierig. Und bei dieser Vorliebe ist es mir schon wichtig, daß ich mit den Männern vorher drüber rede. Ich lege auch Wert darauf, daß sie sauber, gepflegt und humorvoll sind. Ich hab' gern meinen Spaß mit den Männern, nicht nur im Bett, sondern auch im Gespräch. Vorher, nachher und zwischendurch.

Was mir aufgefallen ist – Männer, die sehr viel Streß und Hektik haben und die Tag und Nacht nur mit ihrer Firma beschäftigt sind, denen fällt es sehr schwer, sich auf eine Frau einzustellen, ein bissel sensibel zu sein und Fingerspitzengefühl zu haben. Die machen das so wie ihren Job, die ziehen das einfach durch. Das ist mir aufgefallen in dem einen Jahr, wo ich das jetzt mache. Leute, die sich so gewisse Freiräume erhalten und auch leben, also nicht nur leben, um zu arbeiten, sondern arbeiten, um zu leben, die sind doch etwas sensibler.

Ich wünsche mir einfach von den Männern, daß sie mir keine schlechten Erfahrungen bereiten. Offen sagen, was sie sich wünschen, auch bei ihren sexuellen Wünschen spontan sagen, das und das würde ich jetzt gern machen, und daß sie sich auch gehenlassen. Viele sind so verkrampft. Und daß sie sich fallenlassen und so sensibel sind, daß sich auch die Frau fallenlassen kann. Das ist ein bißchen schwierig. Überwiegend mit den Geschäftsmännern. Zu achtzig Prozent schaff' ich es ja, sie locker zu machen. Trotzdem hab' ich nicht das Gefühl, daß ich dem Mann was von mir gebe. Und auch nicht, daß der Mann was von mir nimmt oder ich von dem Mann was nehme. Ich genieße einfach, und ich denke, das überträgt sich auch auf den Mann, diese Zweisamkeit, daß die Chemie stimmt, daß da was kribbelt, man Lust aufeinander hat und daß man auch zwischendurch beim Verkehr mal lachen kann und seinen Spaß hat – das ist einfach wie Urlaub, und das ist es ja auch für mich!

Zum Glück haben sich alle Männer, mit denen ich mich getroffen habe, nicht nach dem Motto verhalten – ich bezahl' dich, und dafür habe ich jetzt was zu erwarten. Wenn Männer anrufen und fragen, was nimmst du die Stunde und was krieg ich dafür, bin ich unbezahlbar. So platt bin ich ja auch nicht, daß ich irgendwelche Leistungen abrechne. Also, man sollte sein Niveau schon behalten. Das ist mir sehr wichtig. Und ich find's irgendwo schade, daß diese Hobbyhuren-Geschichte so ausgeschlachtet und kommerzialisiert wird – da sitzen dann irgendwelche Hobbyhuren mit 0190-Nummer, die gar keine sind, oder Profis, die du in irgendeinem Club oder einer gemieteten Wohnung besuchen kannst. Das verwässert die ganze Sache so. Durch Leute, die damit gar nichts zu tun haben. Wenn sie normale Huren sind, dann sollen sie bitteschön dazu stehen! Ich bin ja auch Hobbyhure oder Gelegenheitshure und erzähle nicht, ich wäre hochprofessionell. Und es ist sehr schwierig, Werbung zu machen in normalen Anzeigenmärkten, da man dann gleich mit Professionellen gleichgestellt wird – es gibt zwar so ein, zwei Anzeigenmärkte im Internet, wo man sagen kann, ja, ich nehme für meine Leistungen auch Geld, wo man sich auch als Hobbyhure präsentieren kann. Aber die meisten akzeptieren das halt nicht, es ist ziemlich verpönt, und man fliegt da raus.

Ich hab' ja auch im richtigen Leben meinen ganz normalen Job und suche in diesen Momenten der Begegnung die Entspannung. Ich denke dann nicht nach über meinen Job, über meine Familie oder daß ich die Wohnung mal wieder machen müßte, es geht einfach nur um die Zweisamkeit. Einen neuen Menschen kennenzulernen. Und sich gegenseitig zu verwöhnen. Geben und Nehmen. Wenn das harmoniert, steigert sich das automatisch im Sex. Beide vergessen den Rest drum herum. Das klingt wie Sex in harmonischen Beziehungen, aber da ist es ja immer der gleiche. Wenn sich ein fester Freund nach vier Wochen immer mit dem gleichen System an mich ranmacht, dann lieg' ich irgendwann im Bett und stöhn' eigentlich nur noch und denk': »Oh, jetzt fünf Minuten Nippelkraulen, dann fünf Minuten Bauchnabelkraulen, und dann zählen wir noch bis drei und dann isser unten.«

Weil ich jetzt mehr auf der Suche nach einem festen Partner bin, lass' ich mich nicht mehr so leicht auf private sexuelle Aktivitäten ein, bevor ich nicht der Meinung bin, daß es auch so gut zueinander paßt, mit Ansichten und Interessen. Und ich bin der Meinung, daß dann auch der Rest gut funktioniert. Das war bei mir früher anders, also ich bin relativ schnell mit den Männern im Bett gelandet, was sich inzwischen durch dieses Hobby verändert hat. Jetzt kommen private Freundschaft und gemeinsame Interessen zuerst. Nicht erst das Sexuelle, und dann stellt man fest, daß das andere nicht funktioniert, und die Sache geht wieder auseinander.

Ich habe allerdings auf dieser Basis jetzt noch keinen Mann gefunden, der zu mir paßt. Wenn ich festgestellt habe, daß Freundschaft und gemeinsame Interessen nicht funktionieren, hab' ich die Sache abgebrochen. Das klingt vielleicht sehr rational, aber ich will auch nicht mein Leben mit dem Kind ins Kippen bringen, es ist wie ein Gerüst. Ein neuer Partner würde das alles vielleicht wieder instabil werden lassen. Mir ist wichtig, wenn überhaupt, dann jetzt den Richtigen zu finden. Und das geht eben nur rational, denke ich mal, oder es kommt zufällig, und was kommt, weiß nur das Schicksal. Natürlich möchte ich mich auch verlieben, aber aufgrund der Freundschaft und der Interessen und daß man so langsam zueinander findet. Beide sollten sich verlieben, also nicht nur er in mich oder ich in ihn oder beide in irgendwas, was sie sich vorstellen, was bei dem andern dann aber eigentlich nicht ist. Das stellt man ja nur fest, wenn man erst mal weniger emotional – und das ist ja eine emotionale Sache – aufeinander zugeht, sich als Mensch kennenlernt. Und nicht als Sexualpartner. Was ja schon irgendwie eine Partnerschaft ist und ganz andere Schwierigkeiten mit sich bringt. Denk' ich. Ich probier's jedenfalls jetzt erst mal so. Ich glaube übrigens nicht unbedingt, daß ich, wenn ich einen festen Partner habe, auch noch andere Männer brauche. Ich war in meinen Partnerschaften bis jetzt immer treu, und ich denke mal, daß ich genügend Phantasie habe, um mit meinem Partner ein »zweites Leben« neben dem Alltag aufzubauen, wo man dann zusammen mal im Auto oder auf einem Parkplatz Sex hat und sich zuschauen läßt oder in den Swingerclub geht, da muß ja nicht unbedingt ein zweiter Mann oder eine zweite Frau mitmachen. Es kann. Aber es muß nicht. Ich glaube nicht, wenn alles funktioniert, daß es allein mit diesem Partner im Bett nicht funktioniert. Ich denk' schon daß mir das einfach ausreichen würde. Mit mehreren Männern – das muß nicht sein. Das denk' ich so für mich, denn wenn die Partnerschaft klappt, man sich mag und man gemeinsam was unternimmt und die Freundschaft stimmt und man miteinander reden kann, dann klappt der Rest auch von alleine.

»Männer sind in meinen Augen einfach wunderbare Geschöpfe.«

Johanna (32, Geschäftsführungsassistentin)

Ich bin Johanna, bin 32 Jahre alt, wohne in einer Großstadt und bin von Beruf Assistentin der Geschäftsführung in einem größeren mittelständischen Unternehmen. Ich habe ein ganz normales Berufsleben und daneben ein nicht ganz alltägliches Hobby. Dazu bin ich gekommen, weil für mich Sex schon immer sehr wichtig war.

Ich bin seit zwölf Jahren verheiratet, und in unserer Ehe hat sich unser Sexualleben stetig verändert. Wir haben unsere erotischen Phantasien immer weiter ausgelebt und waren immer sehr experimentierfreudig. Wir haben also unsere Phantasien ausprobiert, wenn wir Lust hatten, haben offen über unserer Wünsche, Sehnsüchte gesprochen. Irgendwann haben wir uns auch eingestanden, daß wir Lust auf fremde Haut hatten. Das haben wir am Anfang ausgelebt, indem wir häufiger in Swingerclubs gegangen sind. Wir tun das auch heute noch – wobei wir ja unterschiedliche Intentionen haben, also, mir geht's da vor allem um Sex, um Sex mit anderen Männern und Frauen, und mein Mann lebt mehr seine voyeuristische Neigung aus. Er ist also mehr jemand, der durch das bloße Zuschauen sexuelle Erregung und Befriedigung erfährt – nicht nur, aber das ist bei ihm ein ganz starker Punkt. Da wir im Umgang miteinander immer eine sehr offene Beziehung geführt haben, also keine Geheimnisse voreinander hatten, war es auch ganz normal, daß wir uns irgendwann darüber unterhalten haben, daß ich es doch mal versuchen könnte, für Sex Geld zu nehmen und als Hure, Nutte

– wie auch immer – tätig zu werden. Es ergab sich einfach als logische Konsequenz unseres bisherigen Zusammenlebens, daß ich diesem Gedanken überhaupt nicht abgeneigt war. Ich habe für mich aber ein paar Bedingungen daran geknüpft – also, ich inseriere nie in irgendwelchen Zeitungen, das ist nicht mein Stil, und ich arbeite nicht in Clubs oder Bordellen, und daß das Ganze neben meinem normalen Beruf stattfinden wird. Wir haben dann entschieden, im Internet eine Plattform für mich zu finden, wo ich mich entsprechend präsentieren kann, meine Anonymität gewahrt bleibt und ich im Ergebnis eine gewisse Vorauswahl der interessierten Männer treffen kann. Ich habe also eine Homepage.

Den Begriff der »Hobbyhure« kannte ich zu dem Zeitpunkt, also vor gut elf Monaten, noch gar nicht. Eigentlich bin ich durch die gezielte Suche im Internet über diesen Begriff gestolpert und fand ihn mehr als zutreffend für mich und hab' mich dann erst mal in einem Forum präsentiert, das es inzwischen in der Form aber nicht mehr gibt.

Ich bin, was den Sex betrifft, eine, der ein einmaliger Akt nicht genügt, das heißt also, ich kann zwar durchaus befriedigt werden, aber eben nicht vollständig, wenn es nur zu einem Orgasmus bei mir kommen würde oder vielleicht nur einmal die Woche! Reizvoll ist auch, daß ich eben sehr sehr viele verschiedene Menschen kennenlerne. Es läuft ja nicht nur auf das Thema Sex hinaus, sondern das sind auch schon so was wie Beziehungen – die Leute sprechen mit mir, teilweise auch über ihre Sorgen und Ängste, und behandeln mich wie eine Vertraute. Das genieße ich natürlich neben dem Sex sehr. Und das ist mir sehr wichtig. Ich könnte zwar auch mit jemandem einfach so ins Bett hopsen – und das war es dann, aber das ist nicht mein Grundgedanke.

Ich habe auch ganz klar meine Tabus, also alles, was in die Toilette gehört, irgendwelche Praktiken mit Tieren, Kindern oder sonstiges, ich würde mich nie fotografieren lassen von jemandem, den ich nicht kenne und alles, was mit dem Thema SM zu tun hat, gehört für mich eindeutig in den privaten Bereich.

Ich führe mit meinem Mann durchaus eine SM-Beziehung. Das gehört mit zu unseren sexuellen Vorlieben, und weil das eben sehr privat ist, würde ich das nie jemand anderem gestatten.

Mein Partner unterstützt mich bei all dem auf jeden Fall, und es interessiert ihn auch, was ich erlebt habe. Aber ich muß ihm das nicht erzählen, ich schreibe es in einem Tagebuch nieder, ohne Namen und Orte, also nur die Erlebnisse an sich, und wenn er dann mal Lust hat, dann schaut er rein und liest sich das durch. Also, es ist nicht so, daß er mich an der Tür erwartet und ganz gespannt ist auf Erzählungen ... – diese Tagebuchform haben wir für uns gewählt, das ist das, woraus er für sich eine Art Befriedigung zieht. Ich habe auch kein Problem damit, daß er mich quasi als Hure sehen könnte. Im Gegenteil, ich finde es sehr erregend.

Beim Sex sind mir Humor und Spaß besonders wichtig, ich mag es sehr, wenn man sich zwischendurch unterhält und miteinander herumalbert – dieses Spiel zwischen Leidenschaft und Zärtlichkeit. Es geht um die Atmosphäre und den Stil, nicht um bestimmte Techniken, da gibt es so viel, was mich anmacht, weil ich so leicht erregbar bin, daß es da keinen Favoriten gibt. Also, ich könnte nie eine direkte Vorliebe von mir beschreiben, weil es einfach zu facettenreich ist, was mich anmacht. Es muß in die Situation passen, es muß zum Menschen passen, und wenn das alles stimmt, dann machen mich auch schon normale Zungenküsse heiß. Deswegen ist es ganz schwer zu sagen, ich steh' auf Blasen, Lecken, wie auch immer. Wenn es gepaßt hat, dann kann ich auch sagen, das hat Spaß gemacht und es war gut. Und das war in fast allen Fällen so. Regelrecht negative Erfahrungen habe ich noch nie gemacht.

Ich bin irgendwie auch ein durch und durch sexuelles Wesen, aber der Mensch hat ja gelernt, seine Lust etwas zu zügeln, sonst könnte ich gar nicht mehr arbeiten gehen. Ich leb' sie dann eben nach Feierabend aus. Und das macht Spaß! Aber nur Hure zu sein könnte ich mir nicht vorstellen, weil mein Horizont dann einfach ein bißchen zu klein werden würde. Ich hätte nicht mehr den sozialen Kontakt, würde einfach immer in dieser Begehrlichkeit gefangen sein, und das möchte ich gar nicht. Man könnte fast sagen, daß der Beruf inzwischen eher ein Ausgleich für das Hobby ist als umgekehrt, so hat sich das entwickelt, anfangs war es noch umgekehrt.

Allgemein komme ich sehr leicht mit Männern in Kontakt, habe keine Schwierigkeiten, auf Männer zuzugehen, und ich schaue Männer, das merke ich auch auf der Straße, etwas anders an als die normale »Durchschnittshausfrau«. Ich stell' mir eben häufig vor, wie es mit diesem oder jenem wäre, wenn man mal intim würde. Das spielt im Hinterkopf sehr oft eine Rolle. Und ich flirte sehr gern, auch ohne konkrete Absichten zu haben – also, Männer sind in meinen Augen einfach wunderbare Geschöpfe!

Das Geld ist bei der ganzen Sache eher ein Nebeneffekt. Wir verdienen beide gut. Es ist ein nettes Zubrot, wir könnten aber auch ohne das unseren Lebensstandard halten. Aber es ist natürlich sehr angenehm, daß es da ist, da kann man sich schon ein paar Sachen leisten, die man sich vorher zusammensparen mußte. So geht das alles etwas schneller. Aber es gibt die klare Absprache mit meinem Mann – das Geld wird nie den Ausschlag geben, ob dieses Hobby weitergeführt wird. Oder wenn einer von uns beiden sagt, ich habe damit ein Problem, also wenn ich sage, ich möchte nicht mehr, weil ich schlechte Erfahrungen gemacht habe, oder mein Man bekommt damit ein Problem und sagt, also – das geht mir jetzt alles ein bißchen zu weit, dann ist Schluß, von heute auf morgen.

Ich denke auch, mit meinem Tarif liege ich durchaus im Bereich des Normalen, also nach dem, was ich von Kolleginnen gehört habe, ist das vollkommen in Ordnung. Der Kreis der Männer reicht vom Bundeswehrsoldaten bis zu Geschäftsführern. Das ist ganz unterschiedlich. Ich mache aber auch keine Abstriche beim Geld. Ich habe einen festen Tarif, und da gibt es keine Diskussion. Das ist eins der wenigen Auswahlkriterien, die ich im Vorfeld habe. Ich reguliere damit auch die Häufigkeit der Dates, ich bekomme nämlich pro Tag zwanzig bis fünfundzwanzig Anfragen, und ich kann und will nicht alle beantworten. Wenn ich zehn pro Tag beantworte, fällt noch mal die Hälfte weg, weil denen eben der Preis zu hoch ist. Bei den anderen kann ich dann entsprechende Termine machen – ich mache aber höchstens ein Treffen pro Tag. Ich habe auch keine Lust, jeden Abend unterwegs zu sein, weil darunter dann doch irgendwann unsere Beziehung leiden würde. So wie ich es im Moment handhabe, komme ich damit gut klar, mein Mann natürlich auch, und ich werde auch noch irgendwie jedem terminlich gerecht.

In meinem Freundeskreis wissen drei darüber Bescheid. Und das ist auch vollkommen in Ordnung, die sind diskret, da kann ich mich drauf verlassen. Es gab auch schon Situationen, wo das Ganze hätte weiter ausgeplaudert werden können, aber da haben alle entsprechend gut reagiert.

Im übrigen trenne ich strikt zwischen Freundeskreis und sogenannten Freiern, auch wenn es mir schon passiert ist, daß mir einer als Freier begegnet ist, den ich mir auch als Freund vorstellen könnte. Wir sind jetzt irgendwie befreundet. Wir telefonieren fast täglich, schreiben E-Mails, tauschen uns über ganz normale Dinge aus, über seine Firma, über sein Leben. Er fragt nach meinem Leben und kennt, als einer der wenigen überhaupt, meine wahre Identität, weil wir zusammen im Urlaub waren und er mir das Flugticket bestellen mußte. Das war eindeutig mein schönstes Erlebnis: eine Woche auf Korfu, in einem eigenen Ferienhaus in so einer Badebucht, Anfang Oktober. Es war nicht sehr viel los und das Wetter war sehr schön, so daß wir da völlig allein waren. Wir hatten also jede Menge Zeit miteinander. Der ganze Urlaub war nicht überwiegend auf irgendwelche sexuellen Sachen ausgelegt – da waren auch ganz normale Erlebnisse, die wir dann miteinander verknüpften. Und das fand ich superschön. Er ist einfach so etwas wie ein guter Freund geworden. Aber das könnte nie ein »Verhältnis« werden, weil immer diese Grenze »Geld« da ist. Und darauf werde ich auch nie verzichten. Ich möchte ja nicht in die Verlegenheit kommen, meinen Mann belügen zu müssen. Das wäre absolut indiskutabel für unsere Beziehung, wenn einer dem anderen irgendwelche Märchen erzählen muß, weil er Geheimnisse hat. Auch wenn wir beide sexuell sehr frei sind und sowieso Sex mit anderen immer eine Rolle gespielt hat, ist es ein Unterschied, wenn ich mit jemandem ein »Liebesverhältnis« eingehe oder es nur der Spaß an der Lust ist. Das bedroht die Beziehung nicht.

Was mir Angst macht, ist allerdings, daß es offenbar Frauen gibt, die versuchen herauszufinden, wer ich wirklich bin, und mein normales Leben zu bedrohen mit diesen »Informationen«, die sie dann zu haben glauben. Für solch einen Fall haben wir allerdings vorgesorgt. Aber es ist unangenehm, wenn da jemand seit einiger Zeit versucht, massiv Informationen zu bekommen, um die dann gegen mich zu verwenden. Wenn ich nur wüßte, was diejenige für Beweggründe hat. Das hängt mit diesem Internetforum zusammen. Ich denk' mal, das ist auch ein Stück weit Konkurrenzdenken. Da bin ich mir sogar ziemlich sicher. Aber das sind so Sachen, die kann ich nicht ganz nachvollziehen. Denn eigentlich ist keine von den Damen daran interessiert, daß irgend etwas in die Öffentlichkeit getragen wird.

Ich bin schon manchmal sehr spontan, einmal rief nachts um zwei Uhr jemand an, der war extra nachts noch aus H. gekommen, hatte sich halb ein Uhr ins Hotel eingemietet und dann ganz lieb nachgefragt, ob es trotz dieser ungewöhnlichen Zeit noch zum Treffen kommen könnte. Und da es Samstagabend war, war es durchaus noch okay. Zum Glück gab es bisher nichts wirklich Unangenehmes, an das ich nur ungern zurückdenken würde.

Ich denk' mal, es ist heute vieles offener und freier geworden. Eigentlich ist ein Begriff wie »sexuelle Moral« für mich total uninteressant. Ich würde nie jemandem vorschreiben, wie er zu leben hat, und erwarte das eigentlich auch von anderen. Das kommt sicher daher, daß ich, im nachhinein betrachtet, sehr frei aufgewachsen bin. Meine Eltern haben mich relativ früh aufgeklärt und mir da auch nie Vorschriften gemacht. Also, ich hatte in der Pubertätsphase eine Menge wechselnder Freunde – hin und wieder hat mir meine Mutter zwar gesagt, nun mach mal langsam, aber sie hat mir da nie reingeredet. Und von einigen sexuellen Vorlieben weiß sie auch. Sie teilt das zwar nicht, sagt aber, okay, werde damit glücklich. Im Vergleich zu meinen Freundinnen bin ich doch sehr offen und frei erzogen worden und hab' dadurch eben auch nie irgendwelche Probleme mit meiner Sexualität gehabt. Ich war eigentlich immer neugierig – »krank«, »abartig« oder so, das gab es für mich nicht.

Im übrigen stehe ich ziemlich konträr zu monogamen Beziehungsmodellen. Das ist nichts, was dem Menschen von Natur her mitgegeben wurde. Wenn man mal in die Urgeschichte zurücksieht, dann hat der Mann auch immer nur vier Jahre bei den Frauen gelebt, solange wie nötig, um Nachwuchs zu zeugen und zu sehen, daß der einigermaßen gut über die Runden kommt. Und dann ist er weitergezogen. Wenn man sich heute Beziehungen ansieht, dann funktionieren die die ersten vier Jahre auch wunderbar, alles ist harmonisch, und dann fangen die Probleme an. Es gibt also nicht dieses »verflixte siebente Jahr«, sondern es ist in meinen Augen eher so das »verflixte vierte«. Das sind so die Knackpunkte – und wenn man da nicht ständig sehr offen miteinander redet, sondern jeder damit anfängt, seine eigenen Vorlieben und so weiter zu entwickeln, ohne daß der Partner darin einbezogen wird, dann gibt es Probleme, weil dann ein Partner sich seine Erfüllung woanders sucht oder eben beide irgendwann so voneinander genervt sind, daß sie gar nicht mehr klarkommen und den wirklichen Grund nicht wissen.

Für mich hat daher das Gespräch innerhalb einer Beziehung den gleichen Stellenwert wie Sexualität. Durch meinen Beruf und meine Selbsterfahrung weiß ich ja auch eine Menge über authentische Kommunikation. Weil mein Mann und ich relativ schnell gelernt haben, miteinander zu reden, gab es sehr selten Diskrepanzen. Und wenn die da waren, haben wir schnell eine Antenne entwickelt, daß da irgendwas nicht stimmt, etwas im Busch ist, und der Gesprächsbedarf einfach hoch ist. Und wir haben es immer so gehalten, daß wir von Zeit zu Zeit eine Art Abgleich gemacht haben – wo steht jeder in unserer Beziehung, wie sieht er die Beziehung, was müßte verändert werden, wenn überhaupt, und gibt es irgend etwas, womit der andere nicht mehr leben kann.

Es wäre schön, wenn die Männer allgemein offener wären, rücksichtsvoller, auch ihren eigenen Frauen gegenüber, hin und wieder auch mal nachdenken, ob das Geld, das sie bei mir lassen, nicht in einen netten Abend mit ihrer Frau besser investiert wäre. Und wenn sie Frauen, die dieses Hobby haben, mehr achten und nicht einfach nur als Objekt sehen, um eben ihre eigene Lust zu befriedigen, sondern mehr als Mensch. Mit solchen Männern versuche ich mich auch gar nicht erst zu treffen. Da kommt manchmal, besonders bei Diskussionen in einem bestimmten Internetforum, das alte Herrschergebaren herüber – als Mann viel besser zu sein als alles, was Frau ist. Da kann ich ganz schwer mit umgehen, weil ich im positiven Sinne viel zu emanzipiert bin, als daß ich so etwas stillschweigend oder billigend hinnehmen würde.

Ich find' das auch irgendwie ganz klasse, daß hier so unterschiedliche Frauen zu Wort kommen können, weil jede, die dieses Hobby hat, auch ihre eigenen Beweggründe dafür hat und es spannend ist, so einen kleinen Querschnitt zu sehen. Das sorgt auch für Aufklärung.

Samariterin sein und Lust erleben.

Samantha (32, Universitätsangestellte)

Ich bin 32 Jahre alt, ich bin in der wissenschaftlichen Dokumentation an einer Uni beschäftigt und fest angestellt. Und ich bin verheiratet, mein Mann weiß, was ich tue. Aber – das ist so eine Sache, ich denke, wenn man als Hobby Hure ist, daß man dann eben auch einen sehr offenen Partner braucht. Aber ich habe keinen solchen Partner. Er ist nämlich sehr eifersüchtig. Ich mach' das nun seit drei Jahren, und er hat sich in der Zeit auch sehr verändert, das heißt, er hat gelernt, ein bißchen besser damit umzugehen und von seinem Besitzdenken etwas wegzukommen. Und wenn er als Partner eine Mail liest, in der drin steht, jemand möchte mich ficken, dann ist es doch nicht gerade angenehm für ihn. Er ist selbst absolut treu. Manchmal denk' ich, er sollte ruhig auch mal mit einer anderen ins Bett gehen.

Als ich angefangen hab', da habe ich mit Leuten zusammengearbeitet, in einer Organisation, die sich um sehr junge Prostituierte aus Osteuropa kümmert. Mir haben diese Frauen leid getan, ich habe denen teilweise Geld gegeben, bin mit ihnen zum Arzt, hab' sie dann ins Flugzeug gesteckt und wieder in ihre Heimat geschickt. Das war so meine Anfangsmotivation, denn ich habe dafür immer mehr Geld gebraucht, weil es immer mehr junge Mädchen waren. Ich dachte dann, wo krieg' ich denn jetzt das Geld her? Durch Zufall hab' ich was über Hobbyhuren gelesen und dachte dann – ja, warum nicht, okay ich probier' das mal. Ich habe das dann erst mal so durch Mund-zu-Mund-Propaganda gemacht, und das lief soweit ganz gut. Dieses ganze Geld hab' ich dann in die Mädels gesteckt. Ich selbst hab' im Beruf eigentlich ganz gut verdient. Ich bin nicht der Mensch, der sehr an materiellen Sachen hängt, andererseits macht mir das Hobby auch Spaß, und warum soll ich das Geld nicht denen geben, die nicht so gut weggekommen sind. Was das betrifft, so arbeite ich mit einigen Männern und Frauen aus meiner Gegend zusammen, die das auch aus der Motivation gemacht haben zu helfen. Zu mir wurden die Mädels gebracht. Also, ich hab' dann einen Anruf gekriegt, daß da wieder eine ist, bin zum Flughafen gefahren, bin mit ihr zum Arzt, hab' ihr Klamotten gekauft, und dafür ist das Geld dann draufgegangen. Und auch den Flug hab' ich manchmal bezahlt. Dann hab' ich meinen Partner kennengelernt, erst später habe ich ihm das gebeichtet. Er fragte: Mußt du das jetzt unbedingt weitermachen? Okay, dachte ich dann, ich lasse es, laß' die Mädels Mädels sein, sollen sich mal andere darum kümmern, ich muß kein Samariter sein. Aber leider ging das nicht so einfach, und mein Partner ist dann mal mit mir zum Flughafen gefahren. Da stand eine 12-jährige vor uns, total verprügelt, mißbraucht, ja – und da hat er einfach seine Meinung geändert. Eine Zeitlang haben wir das auch von seinem Gehalt bezahlt, haben das Geld zusammengelegt, wir hatten ja auch ein bißchen was gespart, und so kamen wir eine Weile über die Runde – bis es nicht mehr gereicht hat. Ja – und da dachte ich, mach' ich halt als Hobbyhure weiter. Das war für ihn natürlich nicht so angenehm. Aber ich denke, er hat es jetzt so akzeptiert.

Trotz allem ist da auch immer eine sexuelle Lust bei mir dabei. Mein Partner arbeitet so zwölf bis sechzehn Stunden am Tag und will auch nicht jeden Abend die große Nummer abziehen. Er hat gesagt: Nicht mit jedem und auch nur, wenn du willst, und nicht zwanzig Männer im Monat. Das konnte ich so akzeptieren. Er will auch, daß ich Analverkehr nicht mache, und das ist okay für mich. Er fährt mich zu den Treffen und holt mich wieder ab, denn er hat einfach zuviel Angst, daß mir etwas passieren könnte.

Ich hab' einfach auch mehr Lust als mein Mann. Er konnte mir das aber nicht geben, fühlte sich etwas unter Druck und hat dem Ganzen mehr oder weniger auch aus diesen Gründen zugestimmt.

Eh wir uns ständig über unsere unterschiedlichen Bedürfnisse streiten, das ist ja dann auch nicht das Wahre.

Wenn ich mich also mit jemandem treffe, dann möchte ich, daß die Sachen so ungefähr abgesprochen sind. Das ist zwar teilweise blöd, aber ich würde nie irgendwohin gehen, mich mit jemandem treffen und dann mal gucken, was da so passiert, da ist mir das Risiko zu hoch, daß da was schiefläuft – und auch von den Erwartungen her, daß der Mann dann enttäuscht ist. Auf meiner Homepage stehen ja auch die Tabus, das ist so das Gängigste, wie Sex mit Kindern und Tieren, anal, Fisting, SM. Das stimme ich mit den Männern vorher aber ab. Und ich lege mich, was die Länge der Dates betrifft, nicht fest. Ich mache sowohl Stundendates, als auch längere Verabredungen, allerdings mache ich diese Stundendates nicht so sehr gerne, das ist mir vom Aufwand her zu hoch, wenn ich teilweise erst durch die ganze Stadt fahren muß. Das ist ja hier kein Dorf.

Lieber treffe ich mich länger, um dann auch so was wie eine Beziehung aufzubauen – nicht wie einmal, als ich zu einem Kunden kam und der Mann sagte, ich zieh mich aus, ziehst du dich auch aus, ab aufs Bett und so weiter. Das ist doch ziemlich ernüchternd. Das rutscht mir dann zu sehr ins Professionelle, und da muß man einfach gucken, wie man wieder herauskommt aus der Situation. Wenn es einfach ein Mißverständnis ist, und derjenige eine andere Vorstellung hat von »Hobbyhure«, dann läßt sich das meist gut klären, aber wenn er das absolut anders sieht, dann sollte man doch gehen. Von daher sind Stundendates nicht so mein Fall, aber ab und zu kommen sie doch vor. Also lieber längere Verabredungen.

Im Unterschied zu Professionellen mach' ich das aus Spaß, ich habe auch nur ein bis zwei Männer pro Woche, im Gegensatz zu den Profis, die machen ja teilweise zehn, fünfzehn Dates am Tag. Der Unterschied ist mir schon ziemlich wichtig. Für mich ist Hobbyhure auch kein Werbewort, es ist eben einfach so, daß ich das als Hobby mache und nicht als meinen Beruf. Unter Hobby verstehe ich einfach etwas Schönes, was ich mache, um mich zu entspannen, um Spaß zu haben, so eine schöne Nebenbeschäftigung. Es ist auch einfach Gefühl da, für Männer an sich, ohne das würde es auch gar nicht gehen. Da ist eben bei den Profis nicht viel dahinter, abgesehen von Einzelfällen. Und ich hab' ja auch das Recht, jederzeit zu gehen.

Von den Männer bin ich insgesamt ziemlich ernüchtert. Vor diesem Job hab' ich Männer kennengelernt, die mich sehr geachtet haben, die mich als selbstbewußte Frau erlebt haben, und sobald man diesen Job macht, wird man doch teilweise ganz anders behandelt. Es ist ziemlich enttäuschend, wenn man merkt, daß jemand mit Geld versucht, das zu bekommen, was er sonst nicht kriegt. Und es sind auch Männer dabei, die einfach keinen Respekt mehr haben. Beispielsweise, wenn ich irgendwo hinkomme, geb' ich dem anderen die Hand und stelle mich vor. Aber ich habe auch schon erlebt, daß mir jemand nicht mal die Hand gegeben und mich auch nicht begrüßt hat. Sexuell hat sich bei aller Ernüchterung mein Verhältnis zu den Männern aber nicht verändert. Ich habe viel gelernt, es war sehr positiv zu lernen, auf Männer einzugehen, von ihrer Sexualität etwas zu erfahren. Es gibt ja auch Frauen, die sagen, ich verstehe die Männer nicht. Und ich denke einfach, ich hab' ein bißchen mehr mitgekriegt als die Durchschnittsfrau, die ja teilweise jahrelang nur mit einem Partner Sex hat. Bei mir sind es halt immer wechselnde Männer, teilweise Stammkunden, teilweise Neue, und jeder ist eben anders. Jeder hat ein anderes Verlangen, andere erogene Zonen, andere Wünsche, und doch sind sie irgendwo auch gleich. Und über das Schema, was dahintersteht, die männliche und die weibliche Sexualität, hab' ich viel gelernt. Ich bin aber trotzdem ziemlich sicher, daß Männer und Frauen zusammenpassen.

Ich weiß nicht, ob ich aufhören würde, wenn ich plötzlich viel Geld hätte. Vielleicht würde ich mir eine schöne Wohnung zulegen, wo ich die Herren dann empfangen könnte, so richtig schön mit Spiegel und so, wie ich mir das vorstelle. Wenn man zum Beispiel in ein »Etap«-Hotel geht, das ist so das günstigste, da ist ein

Bett drin und oben drüber so eine Art Gästebett, mehr ein Feldbett, das ist nicht gerade immer der Stimmung förderlich.

Es geht mir ja nicht nur um die sexuelle Erfüllung. Es ist auch das Prickeln. Wenn ich jemanden am Telefon habe, dann bin ich neugierig, den kennenzulernen, zu sehen, was das für ein Mensch ist. Dann muß es ja auch nicht immer zum Sex kommen, ich kann auch stundenlang was trinken und plaudern, um einfach herauszukriegen, was er für Eigenarten hat, was für Ansichten. Ich kann also einfach losgehen und sagen, ich mach' mir einen schönen Abend. Viele Frauen, die Kinder haben, können das einfach nicht. Diese Stunden hab' ich jetzt für mich und kann mich auf den Mann konzentrieren. Auf sexuelle Vorlieben möchte ich mich dabei gar nicht festlegen, es ist mir einfach wichtig, eine schöne Zeit mit jemandem zu haben.

Im Dezember habe ich jemanden getroffen, da hat einfach alles gepaßt. Es kam nicht eine peinliche Pause auf, es ging einfach nonstop um Haushalt, Kinder, Familie, und sexuell hat es einfach genauso viel Spaß gemacht, wie mich mit ihm zu unterhalten, er hat bei mir Bedürfnisse erfüllt, von denen ich gar nicht mehr gewußt habe, daß ich die habe, und ich bei ihm auch. Ich hab' mich auch fast schon mal in so einen Mann verliebt. Aber sobald da irgendwie tiefere Gefühle ins Spiel kommen, heißt es für mich, sofort trennen! Ich hab' noch zwei Tage lang an den Mann gedacht, aber dann war es das auch, denn ich hab' eine Familie, ich hab' einen Mann, bin glücklich verheiratet, und das andere ist für mich ein Hobby. Und ich will mich vom Grunde her auch nicht verlieben. Das wäre unfair meinem Partner und auch dem Mann gegenüber. Wenn ich so etwas merke, dann muß ich das sofort abbrechen.

Mein Privatleben und mein Hobby sind zwei verschiedene Sachen. Wenn ich jemanden auf der Straße treffe, mit dem ich mich schon mal getroffen habe, dann ist es so, daß ich ihm einfach nur zunicke, es gibt keine Begrüßung, keine Umarmung, kein Küßchen, das reicht. Ich denke, es ist einfach unfair meinem Partner gegenüber, wenn ich so einen Mann auf der Straße treffe und ihm auch noch öffentlich zeige, ich hatte mal was mit ihm oder so ungefähr. Im meinem Freundeskreis weiß das auch keiner. Wenn es rauskommen würde, mein Gott, ich könnte es nicht ändern – aber ich bezweifle, daß das passiert. Es wäre für mich eine sehr unschöne Situation.

Einmal hatte ich einen, der wollte mich nur sehen und angucken. Er hat die ganze Zeit geschwiegen, und er wollte mich auch nicht anfassen. Ich wollte dann gehen, weil ich gemeint habe, das bringt hier nichts, ich fühl' mich jetzt unwohl, er hat mich dann aber gebeten zu bleiben. Nein, sagte ich, ich möchte jetzt gehen, aber dann habe ich mich doch breitschlagen lassen und gesagt, okay, ich bleibe noch zehn Minuten. Ich mußte mich gar nicht ausziehen, sondern nur dasitzen und mich anschauen lassen. Das war seltsam und auch gar nicht so abgesprochen. Er hat mir dann hinterher erklärt, daß ich ihm zu selbstbewußt gewesen wäre, er hätte eigentlich eine erwartet, die nicht so selbstbewußt ist. Und das hat sich dann doch über dreieinhalb Stunden hingezogen. Warum er mich nicht gehen lassen wollte, konnte er mir auch nicht so recht erklären.

Das Schlimmste, was mir mal passiert ist, war folgendes: Ich hab' mich mit einem Mann getroffen, der hatte eigentlich vorher keine außergewöhnlichen Wünsche genannt. Ich bin zu seinem Hotelzimmer gekommen, wollte mit ihm essen gehen und ihm noch die Stadt zeigen. Ich habe also geklopft, bin rein ins Zimmer. Er hat aber hinter der Tür gewartet, und da wurde ich plötzlich von hinten gepackt, aufs Bett geschleudert, dabei hab' ich mir schon den ersten Wirbel ausgerenkt, und dann ist er einfach so über mich hergefallen. Ohne Worte. Ich konnte mich absolut nicht wehren, weil er mir seinen Fuß in den Nacken gestellt hatte und meinte: Ein Wort, und ich stell' mich mit meinem ganzen Gewicht drauf. Er hat dann versucht, mich zu vergewaltigen, aber es hat nicht geklappt, denn er hat gar keinen hochgekriegt. Ich hab' dann versucht, aus der Tür rauszukommen, kriegte sie aber nur halb auf, denn der war ja hinter mir. Da hab' ich mein Handy in den Flur geschmissen –

dann ging die Aufzugtür auf und einer kam um die Ecke, und zum Glück war es dann vorbei. Ja, so kann es einem auch gehen. Und das hat mich auch eine Zeitlang belastet. Aber es war im Grunde nichts Großartiges passiert, der Verkehr war ja nicht vollzogen worden. Naja, wenn ich so was mache, dann muß ich wohl auch mit den Risiken leben – und das war wohl eins davon. Ich bin schon öfter mal in eine Prügelei gekommen, oder man hat mir aufgrund meiner Hilfstätigkeit Prügel angeboten – also ich bin da schon einiges gewöhnt, und ich kann mich auch wehren.

Was die Dates betrifft – also, ich habe einen Stundenpreis, hundertdreißig Euro, wobei ich den aber nur für Stundendates nehme, wegen des Aufwands. Bei normalen Treffen ist das eigentlich relativ unterschiedlich, da krieg' ich für sieben Stunden zwischen dreihundert und vierhundert Euro, das variiert, aber die Männer bezahlen auch nur für den Sex, anders kann ich das nicht. Ich gehöre nicht zu denen, die Zeit schinden und den Mann hinhalten, das fände ich unfair und kann es auch nicht mit meinem Gewissen vereinbaren. Einmal hat mir einer von sich aus sechshundert Euro gegeben, wir waren sechs Stunden zusammen, haben geredet, er hat mich zum Essen eingeladen, wir waren zweimal zwei Stunden im Bett – das ist also total unterschiedlich. Wenn jemand aber zu mir kommt und sagt: Du, ich hab' nicht soviel, ich kann dir nicht mehr als zehn Euro geben, dann ist das für mich einfach unverschämt, da werde ich auch grantig, der hat es einfach von der Sache her nicht verstanden. Ich hab' dann einfach das Gefühl, ich werde ausgenutzt. Ich krieg' zirka dreißig Mails pro Tag, und da sind dann manchmal welche drunter, die sagen: Du ich komme zwei- bis fünfmal im Monat, wenn du mir einen Sonderpreis von fünfzig Euro die Stunde machst. Das sind einfach Angebote, die kann ich nicht akzeptieren. Mein Stundenpreis ist auch so hoch, um einfach die Auswahl zu haben. Ich bin am Anfang, als ich noch unerfahren war, so ausgenutzt worden, indem die Männer alles von einem verlangt haben, Zungenanal und alles mögliche, und dann schmeißen sie einem zwanzig Euro vor die Füße und sagen, mehr bist du nicht wert. Solche Erfahrungen macht man dann nur einmal – und dann wird es besser!

Eigentlich habe ich gedacht, es wäre heute alles offener, aber irgendwie wird alles nur verklemmter. Die Leute reden zwar offen über das, was sie tun. Es ist mir aber auch egal, was die Leute machen. Die Wünsche sind ja in den Menschen drin, ob da Kinderpornographie ist oder sonst was, das hat es immer schon gegeben, nur dadurch, daß es heute mehr Kommunikationsmöglichkeiten gibt, entsteht ein anderer Eindruck. Die Doppelmoral ist einfach häufiger geworden.

Ich wünsche mir mehr Respekt von den Männern, daß sie es auch bei Professionellen mehr als eine Dienstleistung sehen als eine Ware, die sie gekauft haben. Ich wünsche mir, daß sie offener sind, ehrlicher. Wenn das erfüllt ist, dürfte es eigentlich keine Probleme geben. Wenn ich Mails kriege, sollten sie auch endlich mal mit Anrede schreiben – und nicht einfach nur: »Will dich ficken, melde dich«, ohne Namen, ohne sonst irgendwas. Ich lege eigentlich sehr viel Wert auf Höflichkeit, aber es sind eher Ausnahmen, wenn man eine Mail kriegt, in der man persönlich angesprochen wird.

»Ich mag die Doppelmoral nicht.«

Simone (38, Verkäuferin)

Ich bin Simone. Mein richtiges Alter ist 38 – aber, naja, ich fühle mich ja viel jünger, auch deswegen, weil ich als Simone erst seit drei Jahren existiere. In meinem »ersten Leben« war ich ein Mann, das hat mir aber keinen Spaß gemacht, und ich habe mich dann entschlossen, mein richtiges Leben anzufangen und auf der für mich »wahren Seite« zu leben. Mein Beruf ist Verkäuferin. Ich habe festgestellt, daß ich gern mit Leuten umgehe, neue Leute kennenlerne, mich mit ihnen über ihre Probleme unterhalte, weniger über meine. Und wenn man dann nach der Arbeit so alleine zu Hause vor dem Rechner sitzt, dann ist es doch recht langweilig. Da kam ich vor einem Jahr auf die Idee, man könnte doch Leute im Internet kennenlernen und die dann dazu animieren, einen einzuladen, zu einem Abendessen, und wenn es schön ist, dann kann ja auch mehr passieren. Das war also die Ursprungsidee.

Der Wechsel zum Frausein war am Anfang sehr ungewohnt. Dadurch daß ich aber in der Zeit eine Beziehung zu einem Mann hatte, waren die ersten Hürden schon genommen. Auch Kontaktanzeigen hatte ich vorher schon geschaltet, woraus aber nie etwas geworden ist, denn spätestens, wenn ich mein Vorleben offenbart habe, sind die Männer abgesprungen. Und von daher war es für mich eine Art Bestätigungssuche, mal ein Leben als Hobbyhure zu probieren, auch um herauszufinden, was ich eigentlich wert bin. Also mal den Marktwert testen. Ja – und das ging auch sehr gut! Es waren viele interessante Leute dabei.

Anfangs hab' ich die Männer bei mir zu Hause empfangen, was ich aber wegen eines schlechten Erlebnisses ganz schnell geändert habe – jetzt kommt kein Mann mehr in meine Wohnung. Ja, dann kamen die Hotelbesuche – und dann war alles noch viel schöner, weil ich viel von Hamburg kennengelernt habe. Schöne Hotels – das hat mir mehr Spaß gemacht. Und wenn man mich jetzt, heute, fragen würde, würdest du es noch mal tun – auf jeden Fall!

Bei mir ist das ganze Drumherum wichtig, mich kann man grundsätzlich nicht für den schnellen Sex zwischendurch kriegen – mindestens eine Stunde, wenn nicht mehrere, aber am liebsten mache ich einen ganzen Abend aus. Da kann man aufeinander eingehen, kann reden, kann flachsen, und – noch schöner ist, was in letzter Zeit öfter passiert, wenn kulturelle Ereignisse dabei sind, Kinobesuche, Theaterbesuche – das macht dann richtig Spaß. Der Sex ist natürlich auch wichtig.

Einen festen Partner hab' ich nicht und will ich zur Zeit auch nicht. Gerade durch mein Hobby habe ich die Einstellung der Männer noch besser kennengelernt – alle sind zwar zu Hause glücklich und führen eine Top-Beziehung, wollen dann aber doch zwischendurch »was Frisches« haben. Mit der Treue der Männer ist es ja nicht so weit her. Was ich natürlich verstehen kann, wenn man die Biologie der »Spezies Mann« mal so ein bissel beobachtet und aufs Tierreich schaut, da ist es mit der Monogamie ja auch nicht so weit her.

Meine eigene Vergangenheit als Mann war aber anders: Ich bin nie auf die Idee gekommen, zu einer Prostituierten zu fahren, weil ich mit Frauen ja ohnehin nicht viel anfangen konnte. Meine Gedanken zeigten schon immer in die richtige Richtung, in die jetzige also. Ich fange auch erst jetzt richtig an, die Männern kennenzulernen. Ich habe früher auch viel mit Männern zu tun gehabt, selbst da habe ich sie nicht verstanden. Insofern bin ich auch nicht anders als andere Frauen.

Es ist übrigens völlig klar, daß ich nie Sex ohne Kondom mit einem Mann machen würde. Das ist es mir einfach nicht wert, meine

Gesundheit aufs Spiel zu setzen, und auch, daß die Männer dann sagen: Ha – die macht Sex ohne Kondom! Obwohl ich durch meine Herkunft und durch mein Vorleben doppelt gesichert wäre und die Wahrscheinlichkeit, daß ich mich anstecken würde, doch eher gering ist, ist es mir das nicht wert.

Sex ist wichtig. Wenn's juckt, muß ein Mann her, aber gerade dann klappt es oft nicht, und es ist keiner da. Einfach in eine Disco zu gehen und mir einen zu angeln – das ist mir nichts. Aus dem Discoalter bin ich raus. Wenn ich das machen würde, dann ginge ich mit jemandem dorthin und bliebe auch mit ihm zusammen. One-Night-Stands will ich nicht. Da fühl ich mich eher abgewertet und ausgenutzt, als wenn ich am Ende dafür Geld kriege. Natürlich, wenn ich zufällig irgendwo jemanden kennenlerne und es kommt zum Sex, sage ich auch nicht nein, und dem sage ich dann auch nicht, daß ich dafür ein paar Mark haben will. Aber im Moment will ich keine Beziehung, das soll nicht heißen, daß ich nicht in ein paar Jahren anders denke. Ich find' das schön, wenn ich hinter mir die Tür zumachen kann und keinem die Hemden bügeln, niemandem Rechenschaft ablegen muß, das ist ein Gefühl von Freiheit. Und natürlich die finanzielle Freiheit als positiver Nutzeffekt ist ja auch nicht schlecht. Zwar bin ich durch meinen Beruf nicht darauf angewiesen, mit meinem normalen Geld würde ich auch gut über die Runden kommen. Durch mein Hobby kann ich mir aber auch Sachen erlauben, die ich mir sonst nicht erlauben könnte – da kann man sich schnell dran gewöhnen. Fünfundsiebzig Prozent dieser Einnahmen kommen meinen Kindern zugute, die ja auch Geld haben wollen, ja – und den Rest nehm' ich so zum Verleben. Meine Kinder sind jetzt dreizehn und fünfzehn, haben einen sehr guten Kontakt zu mir, wissen sogar, was ich tue. Und ich möchte auch durch mein Verhalten das Image der Huren ein bißchen aufwerten.

Ich mache also kein Hehl daraus. Meine Arbeitskollegen wissen, was ich tue. Ich mag das Lügen nicht. Die Reaktion war auch gar nicht negativ. Mein Chef hat mir erklärt, daß er selbst in früheren Jahren mit dem Milieu zu tun hatte. Da war ich aber sehr erstaunt!

Er hat das auch gar nicht ausgenutzt. Ich hab' ihm gesagt, wenn ich mal nicht pünktlich zur Arbeit komme, dann soll er kurz bei mir anrufen, und wenn ich nicht ans Telefon gehe, dann ist was passiert und er soll die Polizei schicken. Er hat kein Problem damit. Und das war für mich eine wichtige Bestätigung.

Wenn ich jedem die Wahrheit sage, verstricke ich mich nicht, ich muß mich nicht fürchten. Mit ist schon oft aufgefallen, daß ich in meinem Denken und Tun der Zeit etwas voraus bin. Und ich möchte etwas bewegen. So wie die Bordellchefin Felicitas Weigmann aus Berlin, die mit ihrer unnachgiebigen Haltung den Behörden gegenüber einen großen Fortschritt gebracht hat für uns. Darum möchte ich auch ein bißchen anknüpfen und versuchen, etwas zu erreichen. Die hat die Prostitution aus dem Schmuddelimage herausgeholt und die Doppelmoral des Staates praktisch so gekippt, daß sich in der Politik und im öffentlichen Leben etwas tut. Daß das noch nicht ganz bis nach Bayern gedrungen ist, ist mir aber auch klar.

Ich möchte, daß Prostitution irgendwann ein Beruf ist, bei dem man nicht sagen muß, man muß sich verstecken, sondern offen und ehrlich sagen kann – ja, ich bin Prostituierte. Alle rennen in den Puff, und keiner gibt es zu. Ich mag die Doppelmoral nicht. Ich möchte, daß das Spießbürgerliche aufhört, wenn alle so tun, als ginge es sie nichts an, wenn die 0190-Werbung im Fernsehen kommt. Daß es einfach ein Beruf ist, wie Schuster oder Bäcker, daß man sagen kann, ich mach' das nebenbei, ich mach' das hauptberuflich. Dann hätten wir auch auf jeden Fall weniger Gewalt, denn wenn ich etwas offiziell mache, dann brauche ich keine Schutztruppe, es gibt keinen Krach' und man muß sicher weniger streiten.

Angst machen mir eigentlich nur Zuhälter. Daß die mal kommen könnten und sagen, ich nehm' denen ein bißchen Geld weg, und dann eine Schlägertruppe plötzlich vor meiner Tür steht. Sonst habe ich vor niemandem und nichts Angst. Da bin ich zu selbstbewußt geworden. Gerade durch mein Hobby ist das sehr gewachsen. Meine ganze Persönlichkeit hat sich verändert, nach dem Motto, mich haut so schnell nichts mehr um. Und ich hoffe, ich habe mir meine kleine heile Welt trotzdem ein bißchen bewahrt.

Was den Sex betrifft, so bin ich für alles Neue offen, ich habe ja so viel nachzuholen, ich muß alles ausprobieren. Ich habe ja 35 Jahre als Mann vergeudet ! Ich hatte gar keine Erziehung »als Mädchen«. Ich mußte ein Kerl sein, Bäume pflanzen und Häuser bauen und eine Frau heiraten. Das Heiraten hab' ich zum Glück sein lassen, aus weiser Voraussicht. Als ich meinen Kindern dann von meiner Entwicklung erzählt habe, war meine Tochter voll begeistert, nur mein Sohn nicht gleich. Sie sagen auch nicht mehr Papi, sondern Simone zu mir. Und zwar vom ersten Tag an, das fand ich gut. Die Kinder wurden relativ frei erzogen durch mich. Ich sehe sie oft. Auch jetzt, wo sie weiter weg wohnen, hole ich sie oft zu mir in den Ferien, oder ich fahre hin.

Viele Männer sind ihren Frauen gegenüber unehrlich. Und überhaupt. Männer sagen immer das, was der Situation am besten entspricht. Aber sie sagen nie die Wahrheit. Zum Glück haben sie einen Schwanz. Aber viele sind auch zärtlich, und an die gerate ich sicher auch nur durch meine Homepage und dadurch, daß ich schon am Telefon eine gesunde Auswahl treffe und nicht jeder den Zuschlag bekommt. Männer können keine Schwächen zeigen. Und den Frauen wäre ein Mann, der auch mal sagt, ich kann nicht mehr, tausendmal lieber als ein Mann, der Macho ist und sagt, ich bin der Größte, der Hengst, der Stärkste. Wenn sie mehr Gefühl zeigen würden, dann hätten sie weniger Probleme zu Hause.

Das Hobby mach' ich einfach aus Spaß an der Freude, das ist der Unterschied zu den meisten Professionellen. Auch daß ich mir Zeit nehme für den Mann. Ich achte auf das Drumherum und nicht nur auf den Sex und das Geld, wie es die Profis ja überwiegend tun. Dafür könnte ich auch nie in so einem Stübchen arbeiten. Ich habe es mal probiert, hab' mich mal zu einer Freundin in den Puff gesetzt, deren Zimmer ich jetzt auch nutzen kann, wenn die abends geschlossen haben. Da war ich dann mal tagsüber dort. Da kam gerade ein Freier, und sie meinte zu mir: Komm doch mal mit rein, stell dich mal mit vor. Ich sagte gleich, so was kann ich nicht, so was mache ich nicht. Ich hab' das dann doch probiert, aber da hab' ich mich so was von unwohl gefühlt, da wird man angeguckt wie beim Pferdemarkt – nee, das könnte ich nie! Und das sind Profis für mich. Ich würde auch nie in einer Bar arbeiten und auf einen Mann zugehen und ihm meine Dienste anbieten. Ich würde immer warten, daß der Mann zu mir kommt.

Auch wenn ich plötzlich viel Geld hätte, würde ich weitermachen. Mir geht es ja hauptsächlich darum, daß meine Abende ausgefüllt werden, daß ich rauskomme, und es ist ja viel schöner als allein zu sein, wenn man irgendwohin eingeladen wird. Und das Wichtige ist für mich, danach ist Schluß, und man geht getrennte Wege. Einer – das war dann mal ein Date für zwei Nächte – der ist mit mir in ein Musical gegangen. Das hatten wir schon lange vorher geplant. Und da man mich auf meiner Homepage aus Diskretionsgründen nicht richtig erkennen kann, trifft man sich immer vorher auf ein Glas Wein, und der fand mich ganz toll. Da ist dann gleich eine ganze Nacht daraus geworden. Wir sind dann beide arbeiten gegangen und haben uns danach wieder getroffen, bis zum nächsten Morgen, das war super. Wir haben auch eine Stadtrundfahrt gemacht, er hat sich wirklich richtig ins Zeug gelegt und einen Mietwagen besorgt. Das war schön! Aber es gab auch anderes.

Das war ganz am Anfang und auch meine eigene Blödheit. Es gab eine Verabredung in einer Gaststätte, und dann sind wir zu mir nach Hause, haben Sex gehabt, ein bißchen gequatscht, plötzlich hat mir der Typ sein Sperma in die Haare geschleudert. Dann wollte er schließlich einen Kaffee trinken. »Gut«, sag ich, »ich mach dir einen Kaffee.« – Er: »Ja, aber doch nicht so, wie du jetzt aussiehst. Geh du mal duschen und zeig mir, wo der Kaffee und die Kaffeemaschine ist. Ich mach' das dann in der Zeit.« Als ich so schön unter der Dusche stand, hab' ich darüber nachgedacht, was wohl ist, wenn der jetzt verschwindet. Also – ich raus aus der Dusche, die Haustür stand offen, der Typ war weg. Meine Handtasche – wie immer bei mir auf dem Kühlschrank, stand noch da. Ich schau' rein, Portemonnaie – auch noch da. Aufgeklappt, EC-Karte weg. Ich werf mir mein Schnellkleid über, rein ins Auto, hab' die ganzen kleinen Straßen bei mir abgefahren – ich hab' den nicht gefunden! Klatschnaß wieder nach Hause, hab' die Polizei angerufen, wollte den Diebstahl melden – die fragten, woher ich den denn kennen würde, blöde Frage! Da hab' ich das dann sein lassen, hab' noch mal in mein Portemonnaie geguckt, richtig intensiv, und – da hab' ich dann auch die EC-Karte gefunden, die lag nur in einem anderen Fach, was ich in der Panik nicht gesehen hatte. Ich war jedenfalls total fix und fertig. Er hatte nichts geklaut, war praktisch nur verschwunden. Wenn ich den erwischt hätte, den hätte ich umgefahren! Das sollte man nie mit mir machen, da werde ich total aggressiv! Seitdem habe ich aufgehört, bei mir zu Hause zu empfangen. Aber am Anfang habe ich mich bei mir eben einfach sicherer gefühlt, jetzt fühl' ich mich im Hotel am sichersten. Das Gute ist, ich habe inzwischen so viele Männer kennengelernt, und dann erwähne ich das immer mal – ich bin dem Typen immer noch auf der Spur. Kehre niemals einem Mann den Rücken, das habe ich jedenfalls gelernt!

Ich finde, die ganze Entwicklung in der Gesellschaft geht schon in die richtige Richtung, man sollte aber über alles offen reden, und wenn ein Mann zu einer Hure geht, sollte er das seiner Frau auch erzählen können. Ich kenne so eine Beziehung, die haben sich jetzt zwar doch getrennt, aber die haben sich alles erzählt. Wenn er zu einer anderen gegangen ist, dann wußte sie Bescheid, wenn sie mit einem anderen zusammen war, dann wußte er das. Wenn man am Anfang einer Beziehung freier über seine sexuellen Wünsche und Absichten spricht, werden auch eher die Leute zusammenkommen, die zusammenpassen. Was ich total verkehrt finde, ist kein Sex vor der Ehe, das ist das Schlimmste, was passieren kann. Ich denke eher, man sollte sich erst mal ordentlich ausprobieren und wirklich suchen, bis man den richtigen Partner gefunden hat.

Das hat mir das eine Jahr mit den Männern jetzt auch gezeigt – ihre Beziehungen sind zwar toll, aber der Sex taugt nichts. Außerdem lehrt die Erfahrung, was ich nicht kriegen kann, ist immer interessanter, und was ich habe, ist nicht mehr interessant.

Wobei die Monogamie ja auch eine Erfindung der Kirche ist, die stammt gar nicht aus der Natur der Menschheit. Was sagt uns das? Traue der Kirche nicht, tritt aus. Die meisten Kriege sind ja auch Glaubenskriege.

Ich habe einen ganz großen Wunsch an die Männer: Mehr Ehrlichkeit! Daß sie auch mal sagen, ich find' das ja okay, was du machst, aber da bin ich jetzt anderer Meinung. Auch wenn ich mit jemandem zusammen war, daß der mal sagt, das und das war Mist, das hat Spaß gemacht und so weiter, wirklich die Wahrheit sagen. Ehrlichkeit fänd' ich super.

»Ich liebe die Unterschiedlichkeit der Männer.«

Lena (36, Sanitäterin)

Angefangen hab' ich als Hobbyhure zu einer Zeit, als die Beziehung zu meinem Mann ruhiger wurde. Der Kick fehlte, und ich hatte einfach das Bedürfnis nach etwas anderem. Ich hatte vorher immer schon mal Geschichten außerhalb der Beziehung laufen, und daher gab es auch innerhalb der Beziehung keine Eifersuchtsschwierigkeiten, dadurch, daß ich mit einem anderem Mann Sex haben könnte. Ich hatte mit meinem Mann geredet, und der wußte es und fand das auch ganz okay. Er fand das als Phantasie toll und hat mich auch unterstützt. Ja, und dann haben wir das begonnen. Ich hab' ganz klar gesagt, ich will Sachen am Laufen haben, die nicht so knapp sind, sprich, ich hab' keine Lust, am Straßenstrich zu stehen oder strichmäßig Halbstundendates für fünfzig Mark zu machen, sondern das Ganze soll Niveau haben. Ich möchte vernünftige Kerle haben, die nicht jeden Pfennig umdrehen müssen, nicht solche, die dann anfangen zu handeln, da habe ich keinen Bock drauf, das will ich nicht.

Ganz klare Vorgabe: Entweder der Mann akzeptiert den Preis oder läßt es, aber handeln tu ich nicht. Und dann haben sich daraus eigentlich ganz tolle Sachen entwickelt. Ich hab' mich mit denen getroffen, und dann sind wir irgendwo essen gegangen, haben uns ein bißchen kennengelernt, soweit das innerhalb der Zeit möglich war, ja – und dann sind wir irgendwo in ein nettes Hotel – haben uns für drei, vier Stunden vergnügt. Ich habe wirklich geschaut, daß ich mir positive Dinge herausziehe – klar muß der Typ auch irgendwo was kriegen dafür, aber ich habe immer geguckt, daß auch ich meinen Spaß habe. Also ich bin selten nach Hause gekommen, ohne daß es mir richtig gut ging. Und das habe ich eine Zeit auch sehr genossen – zwei- bis dreimal die Woche, teilweise auch mal drei Wochen gar nicht – und habe es auch nur im Umkreis von hundert Kilometern gemacht, damit ich nicht so weit fahren muß. Und immer schöne Hotels. Da hab' ich Supertypen kennengelernt.

Ich habe Annoncen geschaltet und war auch im – damals noch BTX – und später dann Internet, bin online gegangen, hab' mit denen gechattet, früher hieß das noch »getickert«, hab' denen ganz klar rübergebügelt, was ich will und was nicht, und hab' auch immer klar gesagt, mein Mann weiß Bescheid, der findet das okay, und da gibt es keine Eifersuchtsgeschichten. Mir war aber auch wichtig, daß denen klar ist, ich hab' da einen Aufpasser. Also, ich hab' mich dann mit denen getroffen, bin mit ihnen essen gegangen und hab' meinen Mann angerufen, der wußte dann immer Hotelnamen und Zimmernummer, oftmals hatte ich auch den Namen oder die Telefonnummer von den Typen. Zu der Zeit waren die Handys noch nicht so verbreitet, da hatte ich dann viele Festnetznummern. Ja, und ich hab' mich auch immer bei meinem Mann gemeldet, wenn ich fertig war, von daher war also auch ziemlich klar, groß was schief laufen kann nicht.

Ich mache das jetzt sieben Jahre – sicher, in letzter Zeit nicht mehr so oft, aber ich habe auch nie wirklich schlechte Erfahrungen gemacht, nie irgendwelche Idioten gehabt, die was von mir wollten, was ich nicht wollte. Ich bin zwar ein-, zweimal ohne Kohle nach Hause gegangen, weil ich's dumm angestellt hab'. Einmal hatte ich ein Date draußen gemacht, im Freien, der ist mir dann entwischt, dumm gelaufen, würde ich heute nicht wieder machen. Und einmal meinte der, er hätte keine Kohle dabei, und dann habe ich auch nie wieder was von ihm gehört. Aber das waren auch die einzigen negativen Erfahrungen, sonst gibt es eigentlich nur Positives.

Männer, die mir richtig unsympathisch waren, waren eigentlich nie dabei. Also durch das Telefonieren und Chatten habe ich so ziemlich klargemacht, was ich will. Ich guck' da auch nicht so sehr auf das Aussehen, ob der ein bißchen Bauch hat oder nicht, ob der nun eins neunzig groß ist oder nur eins siebzig – das ist mir relativ egal. Entscheidend ist, daß ich mich mit ihm zusammensetzen kann und irgendwo eine Ebene finde zum Reden. Das ist viel wichtiger als das Aussehen. Naja, ein Date oder zwei waren auch dabei, wo ich sagte, nee, also das paßt nicht. Einmal von meiner Seite und einmal war es beidseitig. Der sagte dann auch, du – war nett sich zu unterhalten, aber es stimmt irgendwie nicht, da springt der Funke nicht über. Da hab' ich kein Geld genommen. Der eine hat mir dann noch 50 Mark gegeben für die Fahrerei, und bei dem anderen bin ich so gegangen. Und dadurch, daß ich es im Rahmen von maximal hundert Kilometern gemacht habe, waren ja für mich die Ausgaben auch nicht so groß.

Nicht, daß ich in der Ehe keinen guten Sex mehr gehabt hätte, es war mehr so die Gier nach was Neuem, andere Haut zu spüren. Das hatte ich ja schon innerhalb der Beziehung – also wir hatten schon vorher mal eine zweite Frau im Bett oder mal einen zweiten Mann. Und von daher war auch der Schritt nicht so groß zu sagen, komm, ich will wieder was anderes haben. Ich wußte, was ich wollte, und ich wußte, wie es ist, mit jemand anderem was zu haben, auch alleine. Die ersten Treffen waren natürlich trotzdem mordsaufregend!

Dann kam ja als zusätzlicher Reiz dieses »Verkauftsein« dazu, also zu sagen, du bezahlst jetzt Kohle dafür, die nächsten vier, fünf Stunden gehöre ich dir. Und auch, daß er im Grunde mit mir machen kann, was er will. Also, daß ich nicht unbedingt das Heft in die Hand nehme, das hab' ich auch von vornherein immer gesagt – mir ist es wichtig, daß es beiden Spaß macht, und daß er mich dann auch geführt hat. Wenn er mich lecken will, wird er es schon machen, wenn er einen geblasen haben will, wird er es schon sagen. Ein Stück weit bin ich dann eben das Lustobjekt. Erst mit zunehmender Anzahl an Dates wurde ich auch etwas frecher und hab' eher mal formuliert, was ich will, aber meistens muß man ja nicht viel erzählen oder viel sagen, man kriegt die Männer ja doch dahin, wo man will. Ich hab' mir dann auch schon die Kerle ausgesucht, die gesagt haben, sie wollen schmusen, sie wollen kuscheln, wollen Haut spüren – also, das waren eher so die kuscheligen Typen. Harte Sachen liefen da nie, immer nur Kuschelsex. Das hab' ich so ausgesucht, weil alles andere mir auch zu heftig war. Tabu war die ganze Sado-Maso-Geschichte – ich hab' das wohl in meiner Beziehung gelebt, aber nicht in diesem Bereich. Das war mir zu gefährlich allein. Und die Schmusekerle kann ich mir durch eindeutiges Verhalten auch ganz schnell hinbiegen, nämlich so, daß die trotzdem das Gefühl hatten, sie hätten entschieden.

Ich habe zwei Kinder, die mittlerweile zehn und zwölf sind, hab' das also immer abends gemacht, wenn mein Mann da war, so daß ich dann los konnte. Von daher paßte das ganz gut rein. Es war für mich ein bissel Rauskommen, Wegkommen von dem Ort, von dem doch recht ländlichen Gebiet, und einfach mal was anderes sehen, andere Leute kennenlernen, andere Gesprächsthemen. Die Zeit während des Essens, die sich meist länger hinzog, als man gedacht hat, das war immer eine tolle Sache, wo man auch was außerhalb der eigenen vier Wände, des Dorfes oder der Stadt mitbekommen hat. Ansonsten lebe ich relativ normal, also, ich bin vom Typ her diejenige, die in Jeans zum Schaffen geht, ich arbeite im Gesundheitswesen, und die jeden kennt, und denke, das würde auch keiner von mir vermuten. Ich bin normalerweise nicht groß aufgestylt oder so. Klar, wenn ich Dates gemacht habe, waren schon der Rock angesagt und die halterlosen Strümpfe. Es sei denn, es war jemand, der sagte, nee du, komm mal in Jeans, ist mir lieber.

Mein einer Bruder weiß Bescheid, der hat das akzeptiert und gesagt: Paß auf dich auf, mach nur das, was du willst, aber wichtig ist, daß es dir Spaß bringt. Fand ich eigentlich eine ganz tolle Reaktion. Und inzwischen wissen es auch so zwei, drei Freundinnen, die das zwar nur sehr schwer nachvollziehen können, aber doch insgeheim bewundern, daß ich mir diese Freiheit nehme, und sagen, okay, wenn ich mal wieder einen anderen Mann will, dann mach' ich das vielleicht auch so.

Eine von denen bietet Massagen an, ursprünglich so in diesem esoterischen Bereich, Fußreflexion, Wirbel einrenken und ähnliches. Und irgendwie kamen wir dann mal auf die Idee, okay, wir bieten jetzt mal vierhändige Massagen an. Haben das dann ganz spontan und aus dem Bauch heraus gemacht, eine Annonce geschaltet, und die Reaktion war bombastisch! Wir haben also massiv geschafft, und seit einem halben Jahr machen wir dadurch wieder sehr viel zusammen, haben das jetzt als tantrische Massagen ausgebaut, vierhändig, mal Männer, mal Paare, es entwickelt sich super und bringt Spaß. Aber das ist ein anderes Spielchen – da spiel' ich mit den Kerlen, und es ist eigentlich immer Erotik dabei. Die kriegen einen runtergeholt, aber das versuchen wir dann so aufzubauen, daß es nicht so plump wirkt. Also, die liegen dann eine halbe Stunde auf dem Bauch und kriegen wirklich den Rücken massiert, den Hintern und die Hände und Füße, und irgendwann drehen sie sich um, und dann bekommen sie eine Gesichtsmassage – ja, und dann beziehst du schließlich das beste Stück eben mit ein. Wir haben da im Laufe der Jahre eine Feinfühligkeit entwickelt, das rauf und runter zu puschen, wie es uns paßt, und die Kerle schweben in Sphären, die sie teilweise noch nie erlebt haben. Das ist auch ein Gefühl von Macht über die Sexualität des Mannes, dieses »ich weiß, wie ich dich kriege«. Auch wenn einer erzählt, daß er Potenzschwierigkeiten hätte, dann sagen wir ihm, soso – und wir kriegen dich doch! Und zu 95 % klappt das auch. Und dann kommen die sowieso wieder. Das ist schon eine feine Sache und macht auch viel Spaß. Und das ist natürlich auch ganz klar ein nettes Geld nebenbei. Da geb' ich meinen Körper gar nicht her. Es passiert schon mal, daß die versuchen, mit der Hand unter den Pulli zu rutschen – es kommt auch drauf an, wer das ist, wenn da einer ist, den ich mag, dann ist das in Ordnung, klar, weil die in dem Moment auch die Nähe suchen. Aber sonst schieb' ich die Hand weg und fertig! – und dann hat er das nicht zu tun. Das akzeptieren die auch eiskalt, sonst werde ich direkter und sag' halt, nimm die Finger weg! Das hier ist nur für dich zum Genießen, und du sollst gar nichts tun. Das geht nur selten daneben. Das ist eben eine andere Schiene, da verkauf' ich mich nicht.

Durch diese ganze Sache mit der Hobbyhure bin ich selbstbewußter geworden. Ursprünglich bin ich, glaub' ich, eher eine schüchterne Person. Das glaubt mir zwar keiner, wenn ich erscheine, aber es ist so. Ich habe als junge Erwachsene schon meine Schwierigkeiten gehabt, auf Männer zuzugehen. Und das hat sich im Laufe der Jahre durch den Sex geändert. Ich weiß heute, ich kann jetzt jedem Mann gegenübertreten, von meinem Auftreten her und auch von meinem geistigen Niveau kann ich mich fast über jedes Thema unterhalten, und ich hab' auch kein Problem zu sagen, das interessiert mich wohl, aber ich hab' keine Ahnung davon. Das belastet mich heute nicht mehr. Früher hätte ich gesagt, scheiße, da kann ich ja gar nicht drüber reden, aber heute kann ich das offen formulieren, wenn ich dazu nicht viel sagen kann. Das hat sich eben geändert! Was ich auch gelernt habe, ist, mit meinen Reizen umzugehen. Ich weiß, wie ich auf Männer wirke und auf was für einen Typ Mann ich wie wirke. Und das kann ich natürlich dann auch gezielt einsetzen. Ob das nun dadurch kommt oder durch mein Privatleben, wo ja Sex auch einen großen Stellenwert hat, das weiß ich nicht. Aber ich denke, das ist sowieso so ein Zusammenspiel. Und diese Date- Geschichte hat sich ja dann auch so entwickelt, daß wir gesagt haben, wir machen jetzt zusammen Sachen im SM-Bereich, also Vorführungen und so was. Dann aber wirklich nur mein Mann und ich zusammen. Und das ist also auch überwiegend das, was zur Zeit noch passiert, die Zeit ist so knapp geworden, daß ich eigentlich nicht mehr alleine abends vier Stunden raus möchte. Ich habe genügend Termine durch die Arbeit, die ich alleine machen muß. Wenn wir sexuell was machen wollen und dann für Kohle, dann machen wir das jetzt gemeinsam, damit einfach Zeit übrig bleibt für uns. Und das ist natürlich auch eine feine Sache. Das gefällt mir eigentlich noch viel mehr, aber es ist viel schwieriger zu bekommen. Das lass' ich meinen Mann arrangieren. Da kann ich mich dann auch wirklich fallen lassen, ich mein, okay, das hängt natürlich auch vom Typ ab. Aber im großen und ganzen kann ich das meinem Mann übergeben und sagen, mach, ich bin da, ich bin jetzt nur Körper, ich versuche, das zu tun, was du von mir forderst oder was der Typ von mir fordert, und naja – ich muß gar nicht mehr denken.

Ich find' es schade, wenn Frauen anschaffen gehen müssen, aus irgendeinem Zwang heraus. Sei es, um Kohle für ihre Drogen zu verdienen, oder sei es, weil sie irgendeinen Zuhälter haben, der sie dazu zwingt. Das finde ich sehr traurig, und das gefällt mir nicht. Wenn aber jemand da ist, der sagt, ich mach' das gerne, und ich mach' das auch nur eine Weile, dann find' ich das in Ordnung, und dann Hut ab! Ich denk', da können die Frauen drauf stolz sein, zu sagen, ich mache das. Es ist wohl auch was Wahres dran, ich denke, das gibt's schon immer und wird es auch ewig geben, egal, was passieren wird.

Ich sehe es sowieso so, daß ein Mensch nicht für einen allein gemacht ist. Ich glaube, eine Frau kann das eher etwas unterdrücken, vielleicht auch ihre Sexualität vergessen, aber ein Mann kann das wohl nicht, und wenn er es zu Haus nicht mehr kriegt, dann muß er es sich woanders holen, und da sind diese Frauen einfach mal die beste Lösung. Das ist ein Job, wenn man es wirklich so betrachtet und nicht dazu gezwungen wird. Es sollte immer jemand freiwillig tun, weil er Lust drauf hat.

Das Geld ist eine nette Sache dabei, ich verdiene nicht ausschließlich meinen Lebensunterhalt damit, und das kann ich auch gut gebrauchen, keine Frage, aber wenn es mir nicht gut geht, und ich keinen Bock habe, dann tue ich das nicht. Dieses Geld ist immer nur ein Zusatzding, ich bin nicht darauf angewiesen. Eine Professionelle ist es, das ist eben der Unterschied. Und wenn sie es nicht tut, dann hat sie nichts. So ein Zwang würde mir sicher nicht guttun. Aber mit Zwängen kann ich sowieso nicht umgehen.

Die sexuelle Moral ist heute einfach ziemlich daneben. Ich denke, so wie das läuft von der Kirche und der Gesellschaft aus – zu sagen, man ist verheiratet, und dann hat man sich mit dem Einen zu begnügen, das ist doch Schwachsinn! Ich glaube nicht, daß der Mensch dafür gebaut ist. Ich bin der Meinung, daß er immer mal wieder was anderes braucht. Daß es wohl eine Weile gutgeht mit einem, vielleicht bei dem einen zwei, bei dem anderen vielleicht auch zehn Jahre, aber irgendwann kommt die Lust auf, denn dann ist es zu Hause eingefahren. Ich habe mit jemand Neuem ein ganz anderes Kribbeln im Bauch als mit meinem Mann, mit dem ich das schon 15 Jahre tue. Das ist einfach so, und ich glaub' auch, das ist bei jedem so. Ich glaube, das ist das, was jeder auch immer wieder mal sucht. Wobei auch viele Beziehungen kaputtgehen, weil die dann sagen, wir lieben uns nicht mehr, nur weil das Kribbeln nicht mehr da ist. Aber ich denke, das ist eine ganz normale Sache. Das geht jedem so. Und dann ist es auch in Ordnung zu sagen, ich geh' eben woanders hin, nur um dieses Gefühl mal zu haben. Aber das heißt nicht unbedingt Verliebtsein. Eben ein schönes Gefühl, und dann kann ich wieder nach Haus gehen und kuschel mich zu meinem Partner ins Bett. Da hab' ich die Geborgenheit, die ich natürlich bei One-Night-Geschichten nicht habe. Also, ich find' die Moral da schon ziemlich verschroben. Das stimmt so alles nicht, es ist doch eigentlich im Grunde viel einfacher im Leben. Und ich liebe an den Männern einfach die Unterschiedlichkeit. Der eine ist mordsfeinfühlig und schaut, daß es dir gutgeht, der nächste ist ein absoluter Macho und schaut auf sich, und mir gefällt das eigentlich beides sehr gut, dieses Unterschiedliche.

Was ich mir von der Gesellschaft wünsche, ist, wenn ein Mann fremdgeht, dann lachen alle und sagen, das ist eben ein Mann, und wenn eine Frau das tut, dann ist sie eine Schlampe. Daß es einfach okay ist, wenn eine Frau das mal tut und mal einen One-Night-Stand nach dem anderen hat, daß das auch in Ordnung ist und sie nicht als »Schlampe«, »Hure«, »Nutte« beschimpft wird. Wenn das mein Mann mal zu mir sagt, dann grins' ich drüber. Wenn das aber mein Nachbar sagte, dann würde ich ihm eine verpassen. Die Männer sollen aber so unterschiedlich bleiben, wie sie sind. Das ist ja auch der Reiz. Daß eben nicht alle gleich sind.

»Mir kann keiner mehr weh tun.«

Constanze (38, Selbständige)

Ich bin jetzt 38 und auf die Idee mit der Hobbyhure gekommen, weil ich keine Beziehung mehr wollte, den Männern in dieser Hinsicht abgeschworen hatte. Denn ich bin mit einem Mann auf die Nase gefallen, von dem ich gedacht habe, er ist das, was ich mir wünsche. Ich hatte daraufhin Angst vor einer Beziehung, beziehungsweise davor, daß mir jemand weh tut. Sex war aber etwas, auf das ich nicht verzichten wollte. Und dann hab' ich irgendwann im Internet eine Kontaktanzeige aufgegeben – zunächst, ohne auf Geld aus zu sein – ich wollte Sex und keine Beziehung. Und unter den Zuschriften war eine, wo mir jemand Geld bot. Dann habe ich gedacht, na gut, versuchst es – und um ehrlich zu sein, hat es mich gekickt. Der Kick war einfach, daß der Mann dann nach meinen Regeln spielen muß, hey, dachte ich, er kriegt so und so viel von mir, und dafür muß er auch noch bezahlen – und mehr kriegt er nicht, er kriegt also keine Beziehung. Und – mir kann dann keiner mehr weh tun. Für eine begrenzte Zeit zu wissen, du verabredest dich um siebzehn Uhr, um zwanzig Uhr ist es vorbei, du hast eine schöne Zeit – es tut mir auch gut –, und mehr gibt es nicht. Das ist es einfach – nicht mehr Angst zu haben, da tut dir jemand weh, nicht mehr Angst zu haben, da verletzt dich jemand brutal, nicht mehr Angst zu haben, da will wieder einer etwas von dir, was du nicht geben kannst, und da fängt wieder einer an, Zicken zu machen, wie es in einer Beziehung halt so ist. Das ist der Kick! Etwas zu haben wie eine Beziehung, allerdings mit absehbarem Ende. Was nicht heißt, daß ich mich manchmal nicht schon so etwas wie verliebe. Aber, so einfach mit diesem anderen Gedanken da ran zu gehen, es kann mir keiner weh tun, das ist es, was mir nach wie vor Spaß daran macht, daß mich keiner verletzen kann, jedenfalls nicht seelisch. Das ist das, was es angenehm macht – du hast zwar die schönen Seiten einer Beziehung, aber Wäschewaschen, Kochen und Putzen fällt halt weg.

Ich bin beruflich selbständig im Marketing und mache auch Buchhaltung und solche Sachen. In meinem privaten Umfeld weiß davon niemand etwas. Auch mein fast erwachsener Sohn nicht. Es gibt aber Männer, die ich auf diese Weise getroffen habe und die dann auch Freunde geworden sind, aber ich habe das niemandem sonst erzählt, und ich bin auch nicht der Meinung, ich müßte es. Bei meinem Sohn hab' ich es überlegt, lange und gut, und bin zu dem Schluß gekommen, so erwachsen er auch sein mag – es ist meine Sache, und ich bin nicht der Meinung, ich müßte ihn damit belasten. Weil man nie weiß, wie denkt er darüber, wie nimmt er es auf. Ich geh' dem Hobby auch nicht jeden Tag nach. Ich denke, ich würde ihn belasten, und es tut ihm ja nicht weh, wenn er es nicht weiß. Und es bringt ihn nicht weiter, wenn er es weiß. Es ist eh eine absehbare Geschichte, ich mach' es ja nicht jeden Tag.

Mit sechzehn habe ich Sex gehabt, um Liebe, Nähe, Wärme zu bekommen, die ich zu Hause nicht hatte. Dann gab es einen Mann, der sechzehn Jahre älter war als ich und auch so etwas wie eine Vater-Ersatzrolle gespielt hat. Den habe ich dann auch geheiratet, was natürlich schief ging. Sex gehörte eben dazu, wenn du mal in den Arm genommen werden möchtest. Mit vierundzwanzig habe ich mich dann von dem getrennt, habe zwei Jahre richtig allein gelebt, ohne Mann, und erst dann habe ich ein sexuelles Bedürfnis entwickelt. Und hab' das dann mit einigen Partnern nacheinander ausgelebt, nur eben halt nicht in einer Beziehung. Man hat sich gesehen oder auch mal drei Monate nicht, das war okay, oder auch mal zwei Wochen jeden Tag, aber es war immer nur einer – es ging halt um den Sex und um nichts anderes. Und schließlich habe ich mich irgendwann wieder auf eine Beziehung eingelassen, das ging aber richtig in die Hosen! Ich glaube, ich bin daran endgültig zerbrochen, ich bin wohl auch beziehungsunfähig. Ich bin da mit gebrochenen Rippen raus, bin von der Polizei dann auch in eine andere Stadt verschifft worden, und danach durfte mich drei Jahre lang kein Mann überhaupt nur ansprechen. Irgendwann gab es dann jemanden, der nett war, der lieb war, der mich eigentlich auf Händen getragen hat, obwohl wir anfangs keinen Sex hatten, und zu dem ich dann langsam Vertrauen gefaßt habe. Wir haben dann gemeinsam eine Wohnung gehabt, gemeinsam gelebt, aber es ist bös schief gegangen, weil wir zu unterschiedliche Vorstellungen vom Leben hatten. Wir hatten auch guten Sex miteinander, wenn es danach gegangen wäre, wäre ich mit ihm heute noch zusammen. Aber es gab halt jeden Tag Streit über das, was man vom Leben erwartet. Und dann bin ich ausgezogen.

So kam ich zu dem Hobby, daß ich mir gesagt habe: Beziehung? – Irgendwie bist du dazu gar nicht fähig und nicht willig, da muß es andere Möglichkeiten geben, also Sex – okay, aber keine Beziehung, und es soll auch keiner sich einbilden, daß er eine Beziehung mit mir haben kann. Ich muß nicht immer jemanden um mich haben, ich bin oft viel lieber allein. Wenn ich weiß, da kommt jeden Abend jemand und will sein Recht und seine Bratkartoffeln, sein Bier und mit mir ins Kino gehen und was weiß ich noch – das wäre mir zu viel. Liebe ja, Wärme ja, körperliche Nähe ja, Sex unbedingt, aber mehr nicht! Das beste wäre ein verheirateter Mann. Das ist das Optimum. Denn der kann nicht immer da sein, der will nicht immer was von dir.

Ich weiß eigentlich gar nicht, was eine Beziehung so erstrebenswert macht. Meine Eltern hatten sich fast täglich geprügelt. Ich hab' keine Ahnung, was eine harmonische Beziehung ist, habe gedacht, ich hätte das, aber wenn du einen Mann hast, der sechzehn Jahre älter ist, dann ist das von den Interessen her so unterschiedlich, das konnte nur schiefgehen. Und dann hab' ich einfach für mich beschlossen, ich bleib' lieber allein, bevor ich diese ganze Scheiße da mit Streß und Krach habe, ja – und das hier ist jetzt einfach eine gute Lösung. Für mich eine gute Variante im Moment. Manchmal ist aber Hobbyhure auch nicht das Wahre, manchmal hast du da auch irgendwelche »Liebeskasper«, die sich dann mehr einbilden, weil du so nett bist und weil ja alles so schön sein könnte. Das sind die, die dich anrufen und sich schon in deine Stimme verlieben und die meinen, sie müßten sich jetzt von ihrer Frau trennen. Die sich auch nicht in DICH verlieben, sondern in ihre Illusion von dir. Wenn du dich dann mit jemandem triffst, bist du ja auch etwas, was der andere nicht haben kann, der vielleicht auch in einer so einsamen Situation ist. Dann verlieben die sich. Und das ist dann auch nicht erstrebenswert.

Hin und wieder gebe ich eine Anzeige auf, und dann sortiere ich die Mails aus nach dem Gesichtspunkt, wer nett ist. Wenn einer schreibt: Hey, Puppe, willste ficken, dann lösche ich die Mail und antworte gar nicht. Also, es muß schon so ein gewisses Niveau daraus sprechen. Und dann lege ich Wert auf Telefonieren, ohne das geht gar nichts. Ich werde mich auch nie per Mail verabreden. Wenn da eine menschliche Wärme oder Nettigkeit rüberkommt, dann okay. Dann verabreden wir uns auch. Es ist für mich wichtig, bevor man zusammen in die Kiste springt, daß man sich vorher nett trifft und einen Wein zusammen trinkt, je nach Tageszeit, und erst einmal guckt, wer der andere ist. Und wenn ich den dann nicht mag, dann bin ich auch so frei und schick' ihn nach Haus. Da hab' ich dann auch keine Bauchschmerzen. Es geht nicht um das Äußere, sondern um das, was er ausstrahlt. Das kann ein kleiner Dicker genauso sein wie ein Arnold Schwarzenegger. Ich habe da keinen Typ, auch so nicht, ohne das Hobby. Wobei ich sagen muß, es sind immer die Männer, die Selbstbewußtsein ausstrahlen, die mich faszinieren. Am liebsten sind mir die Mitte Dreißig- bis Mitte Vierzigjährigen, die sind nicht so jung und unfertig. Die wissen, was sie wollen, und das gefällt mir. Zwanzigjährige könnten mich weder für Geld noch ohne ansprechen. Also, im Prinzip sind es schon solche Männer, mit denen ich mir auch eine Beziehung vorstellen könnte. Aber dann wieder dieses Machtspielchen zu haben und zu sagen, das kannst du von mir haben und mehr kriegst du nicht. Also, das ist dann auch immer ganz bewußt dabei. Ich habe ganz deutlich in mich hineingehorcht, weil mich ja auch interessiert hat, was mich da eigentlich fasziniert.

Seit ich von meinem Mann weg bin, gibt es auch diese Lust auf Abwechslung. Lust auf Lust. Das kann aber auch länger der gleiche sein. Also ich war in M. mal mit einem Musiker zusammen, das ging ewig, und es war nie langweilig. Und da habe ich überhaupt nicht nachgedacht, ob ich jetzt mal was anderes brauchte, weil das jeden Tag neu war. Wenn da jemand so nullachtünfzehnmäßig kommt oder sogar noch die Socken anläßt, dann weiß ich auch, ich bin nicht zufrieden. Aber wenn das jemand spannend erhält, brauche ich nicht unbedingt unterschiedliche Männer. Wenn es den perfekten Lover gäbe, der aber keine Besitzansprüche stellt, oder es eben so ist, wie ich mir eine Beziehung vorstellen kann, dann ist Geld sicher nicht der Aspekt, der eine Rolle spielt. Klar, durch das Geld kann ich mir irgendwelche Dinge leisten, die ich mir sonst nicht leisten könnte, das ist keine Frage, aber das Geld ist eben meine Macht, es unverbindlich zu halten.

Ich weiß definitiv, daß meine Seele nicht von den Männern verletzt wurde. Das hab' ich mir ja selbst zuzuschreiben. Was such' ich mir einen alten Mann, nur weil ich keine Kindheit hatte, keinen Vater, keine Mutter, so wie man sich das alles vorstellt. Und ich denke nicht, daß ich deswegen ein gestörtes Verhältnis zu Männern habe. Klar, suchst du dir dann unterbewußt die Falschen aus, um das zu kriegen, was du in der Kindheit nicht haben konntest. Und daß das schief geht – naja, heute weiß ich das! Damals mit achtzehn, neunzehn wußte ich das halt nicht.

Ob ich wirklich noch mal eine Beziehung haben möchte, weiß ich gar nicht. Momentan – nein. Außer es käme mal jemand, der mich so akzeptiert, wie ich bin, mit meinen Macken – ja, so wie ich bin. Und das ist schwer, ich kann ja manchmal mit mir selbst kaum leben. Das ist vielleicht jetzt eine Selbstfindungsphase. Vielleicht möchte ich auch mal herausfinden, was ich von Männern eigentlich will und was Männer mir eigentlich geben können. Aber zur Zeit kommt man mir einfach nicht zu nahe, das möchte ich jetzt nicht. Daß da jemand dabei war, in den ich mich unsterblich verliebt habe, klar, das kam auch vor! Also einmal hab' ich mich richtig verknallt, richtig finsterbitterböse! Davor bist du nie gefeit, da bist du aber auch nicht vor gefeit, wenn du über die Straße gehst, und dein Traumprinz steht da. Ich habe dann die Vernunft in mir sprechen lassen und hab' gesagt – nein! Den siehst du jetzt nicht wieder und damit gut. Denn das ist etwas, was dir nicht passieren soll. Und das hat nicht funktioniert, wobei es ihm, meine ich, nicht viel anders ging. Dann haben wir uns wieder getroffen und sind shoppen gegangen. Später sind wir nach B. gefahren, und schon auf der Fahrt ging es los: Mutter hüh und Mutter hott und Mutter unten, oben, vorne, hinten, das war dann allerdings sehr heilsam für mich. Da war gleich Schluß mit dem Verliebtsein. Das kann nicht gut gehen! Die sind so zusammengeschweißt, da kann kommen wer will, das kann nicht funktionieren. Selbst wenn der sich in mich verlieben sollte, das geht nicht. Daß einer mal anfangs für mich bezahlt hat, wäre für mich kein Hinderungsgrund für eine Beziehung.

Eine Ehefrau muß auch wie eine Hure sein, sonst kann eine Beziehung nicht funktionieren. Nach ein paar Jahren schläft doch sonst alles ein. Und da mußt du dir halt Mühe geben. Wenn man von den Männern hört, meine Frau läßt mich seit zwei Jahren nicht mehr ran oder seit drei Jahren! Eine Ehefrau muß eben auch Lust auf Sex haben, und selbst wenn sie kein Französisch mag, mein Gott noch mal, was ist so schlimm daran, du kriegst zwar davon keinen Orgasmus, wenn du einem Mann einen bläst, aber was fällt ihr denn dabei aus der Krone, wenn sie das mal macht, wenn es doch hilft?

Für mich wäre es kein Problem, wenn ein Mann, den ich auf diese Weise kennengelernt habe, die Hure in mir sieht, allerdings, wenn dann die Beziehung scheitern sollte, möchte ich schon sicher sein, daß das nicht in der Bild-Zeitung steht. Du bist ja dann nackig vor dem, der weiß ja, wer ich wirklich bin. Wenn ich das befürchten müßte, wäre es ein Grund zu sagen, nein, keine Beziehung mit dem.

Nur, der Sex ist ja so oder so derselbe, wenn er Spaß macht, macht er Spaß, und das ist es, was ich mit Huresein meine, eben nicht nullachtfünfzehn.

Ich betreibe dieses Hobby nicht exzessiv, ich hab' es jetzt seit einigen Monaten überhaupt nicht mehr betrieben, da war auch kein Mann dabei, der mich gereizt hätte. Es geht nicht in erster Linie ums Geld, auch wenn ich mir dann schon Dinge leisten kann, die ich mir sonst nicht leisten könnte. Du lebst dadurch schon anders. Aber ich würde deswegen nicht mit einem Mann ins Bett steigen, mit dem ich nicht ins Bett steigen möchte. Natürlich kann ich mir immer noch vorstellen, auch ohne Geld mit jemandem Sex zu haben. Also, wenn ich zu einer Party gehe, und da läuft so ein geiler Knackarsch herum, und es entwickelt sich was, dann würde ich doch nicht sagen, hör mal, das kostet jetzt aber so und so viel, und anders läuft nichts. Ich bin dann aber auch so weit, daß ich dem nicht meinen richtigen Namen sage und schon gar nicht meine Telefonnummer. Damit halt keine Beziehung droht. Mir kommt auch kein Mann in meine Wohnung. Schon seit der Trennung vor drei Jahren nicht. Ich treffe mich grundsätzlich bei den Männern oder im Hotel, bis auf eine Ausnahme. Und das wird sich auch nicht ändern. Ich kann diese Nähe im Moment nicht ertragen.

Einer, mit dem ich mich eigentlich schon eine ganze Zeit treffe, mit dem habe ich am Anfang nur so einen netten Abend gehabt. Und kaum war ich zu Haus unter der Dusche, da rief er wieder an und sagte, wie gut es ihm gefallen hätte. Dann haben wir uns wieder verabredet. Und das ist eben einer, der geht auf mich ein, dem sind nicht nur seine Gefühle wichtig, sondern er achtet darauf, daß es ihm so gut geht wie mir. Er ist eben einer, der mir etwas gibt, unabhängig vom Materiellen, der guckt – hey, wie geht's der dabei. Und mit dem würde ich auch Dinge ausprobieren, die ich mit einem normalen Fremden nicht machen würde, wie fesseln oder die Augen verbinden lassen. Und das wird mit jedem Mal, wenn wir uns treffen, immer schöner. So sehen wir uns zwei- bis dreimal im Monat. Aber der wäre kein Mann, mit dem ich leben könnte, da würde mich was stören – das sind so diese Dinge, wie die Männer über ihre Frauen reden. Daß zu einer Unlust zwei gehören, das vergessen sie immer. Zwei von dreien sind ja verheiratet, und dann höre ich immer: »Ich weiß ja nicht, meine Frau will nicht mehr.« Und manchmal wundert es mich gar nicht, daß die Frau nicht mehr will. Nur ist es nicht an mir zu sagen, was er besser machen sollte. Das wäre dann ihr Part. Und ein bißchen mehr Achtung voreinander wünsche ich denen. Einmal habe ich im Chat einen sehr netten Mann getroffen, wir haben uns sehr lieb unterhalten. Dann haben wir stundenlang telefoniert. Und uns schließlich verabredet.

Ich bin dann dahin gefahren, er machte die Tür auf und drehte sich sofort um und fragte, ob ich was trinken möchte. Dann saß er mir gegenüber im Wohnzimmer, so daß ich ihn wirklich das erste Mal ansehen konnte. Es war nicht zu fassen, der hatte vollkommen weggefaulte Schneidezähne, da waren nur noch so Stumpen da. Und da habe ich gedacht, du große Güte, was machst du jetzt. Er war ja so nett, ein richtig lieber Kerl. Ich habe dann eine Stunde herumgedruckst und gedacht, wenn einer so wenig auf sich achtet, dann weiß ich ja nicht mal, ob der sich auch wäscht! Nach einer weiteren halben Stunde kam es mir dann endlich über die Lippen, was ich denke. Ich fand das so unangenehm. Und das trotz Foto. Seitdem gebe ich auch nichts mehr auf Fotos von Männern.

Und einer hat mich mal regelrecht gelinkt. Dauernd hörte ich: »Also, weiter als bis hier darfst du dich nicht bewegen.« Ich stutzte. »Hier darfst du sitzen, hier darfst du stehen. Darf ich dir den Slip ausziehen, und setz dich doch mal ein bißchen breitbeinig ...« Nach zehn Minuten kam mir das richtig komisch vor. Und dann habe ich gesehen, daß er eine Videokamera in der Ecke versteckt hatte. Das war dann am Ende mehr unangenehm für ihn, denn das Ding habe ich an die Wand gedonnert. Aber auch für mich, denn es ist eine ganz klare Sache, daß ich mich nicht fotografieren lasse. Ich wünsche mir da einfach mehr Ehrlichkeit von den Männern. Wenn die Menschen ehrlicher wären, gerade in den Beziehungen, dann hätten wir auch eine andere Moral heute.

»Ich hab das aufgegeben, es bringt mir nichts mehr.«

Ina (35, Callcenteragentin)

Ich bin Single, 35, lebe allein, arbeite in einem Callcenter, bin geschieden, und da hat man ja nicht immer einen Partner zur Hand, wenn man Lust auf Sex hat. Da bin ich dann ins Internet gegangen, ich dachte, vielleicht lernt man da ja jemanden kennen. Ich war dann in einem Chat, und da hat mich jemand angeschrieben. Ich bin unter »Ina« rein, aber ohne finanzielles Interesse. Das ist jetzt fast drei Jahre her. Dieser Mann kam aus Bonn und hat mich so einige Sachen gefragt, und ob ich nicht Lust hätte, mich mit ihm zu treffen. Er erzählte mir dann von seiner Wohnung und schickte mir auch Fotos. Ich dachte, naja, nicht schlecht, ich hatte auch eh nichts anderes zu tun und bin dann mit dem Auto am Sonntag nach B. gefahren. Es war auch alles so, wie er mir das eben beschrieben hat. Ich war drei oder vier Stunden bei ihm, wobei es gar nicht so gut gelaufen ist, weil wir irgendwie nicht harmonierten. Schließlich hatte ich dann auch keine Lust mehr und wollte nur noch nach Hause. Er stand plötzlich auf und legte mir fünfhundert Mark auf den Tisch. Einfach so. Ich wußte nicht, ob ich das nehmen sollte, das war schon eine ganze Menge Geld für mich. Ich hab' mich auch ziemlich seltsam in dem Moment gefühlt. Er sagte aber: »Ach, ich kann's mir leisten, und du brauchst das doch, ich hab' das schon öfter so gemacht. Nimm es ruhig, mir tut's nicht weh.« Ja, und dann hab' ich es halt genommen und bin nach Hause gefahren. Das hat mir keine Ruhe gelassen. Es hat mich total beschäftigt. Ich hab' dann einen Freund angerufen und dem das erzählt. Der meinte: »Was, bist du verrückt, du mußt das Geld wieder zurückgeben.« Ich sagte: »Ja, ich würde es ja gern wieder zurückschicken, irgendwie fühle ich mich auch nicht so gut dabei, aber ich brauch' das Geld auch, und das ist so viel.« Naja, ich hab' es dann behalten.

So fing das eigentlich an. Ich hab' dann jemanden im Chat gefragt, was ich an meinem Profil ändern kann, wenn ich mal wieder was dazuverdienen will, und der hat mir geholfen, hat mir gesagt, was ich da reinschreiben soll. So ging es dann los. Ich mach' das jetzt nicht so regelmäßig. Vielleicht habe ich es in drei Jahren sechsmal gemacht. Ich hätte ja lieber Massagen angeboten, aber das hat sich irgendwie nicht umsetzen lassen. Denn nur Massage ohne Verkehr wollen die Männer nicht. Das hätte ich aber lieber gehabt. Ich massiere, weil ich das gern mache, und ich denke, ich kann das auch ganz gut. Aber die meisten Männer wollten dann doch was anderes. Ich hab' den Gedanken dann aufgegeben. Ich denke einfach, ich bin wohl nicht dafür geeignet, zu naiv, nicht so kaltschnäuzig. Ich nehme mir davon zu viel mit in mein Leben, kann das nicht so abhaken. Wenn da ein Typ war, den ich nicht so mag, dann denke ich, das ist es nicht, was ich will. Ich will Sex haben, um Spaß zu haben, und dafür noch was bekommen. Und dann war aber mal ein Mann da, wo ich dachte, eigentlich würde ich den jetzt doch nicht wollen. Aber wir waren jetzt schon so weit in der Situation, daß ich das Gefühl hatte, nicht mehr so einfach zurück zu können.

Ich kann das aber nicht einfach so wegstecken und sagen, naja, gut, dumm gelaufen, abgehakt, fertig. Ich hab' Probleme damit. Mir geht's dann auch nicht gut. Meine Freundin, die ist eine Professionelle, die sagt, das käme alles daher, daß ich das vom Kopf her nicht verarbeiten kann, das wäre nichts für mich, ich soll das einfach lassen. Ja, und jetzt mach' ich es halt nicht mehr. Es bringt mir nichts. Am Anfang fand ich es reizvoll. Aber nach dem Mann, wo ich dachte, mit dem würde ich doch nicht wollen, kam mir das nicht mehr hobbymäßig vor, es war irgendwie schon fast was Professionelles. Und das will ich nicht. Der Kick war auf einmal nicht mehr da. Ich fand es am Anfang total spannend mit jemandem, den ich nicht kenne. Seine Neigungen kennenzulernen. Aber bei vielen hat es gar nicht richtig funktioniert. Weil die Chemie überhaupt nicht stimmte. Wo ich mir dann hinterher gesagt habe, das klappt nicht.

Ich hab' auch die Vorauswahl so gut wie nie richtig treffen können, weil die meisten Männer keine Fotos hatten. Ich hab' dann immer geguckt, daß man sich vielleicht irgendwo anders trifft, nicht bei mir, und bis auf das eine Mal war es soweit immer ganz okay. Aber dann hatte das irgendwann mal nichts mehr mit Spaß zu tun. Da hab' ich definitiv keinen Spaß mehr dran gehabt und hab' das dann nur durchgezogen, weil ich einfach nicht wußte, wie ich aus dieser Nummer wieder herauskomme. Natürlich hatte ich vorher mit dem telefoniert, aber der Mann war überhaupt nicht mein Fall. Da hab' ich mich völlig verschätzt und mir ein falsches Bild gemacht.

Ich hab's mir halt einfacher vorgestellt. Erst mal überhaupt jemanden zu finden, das ist schon mal gar nicht so leicht, und wenn man es darauf anlegt, sowieso nicht. Dann hat man überhaupt keine Chance, das ergibt sich irgendwie so. Also, wenn ich richtig mit dem Vorsatz in einen Chat gegangen bin, heute hätte ich eigentlich Zeit und Lust, dann hat es mir überhaupt nichts gebracht. Die meisten Männer sind feige, die reden dann stundenlang, das geht hin und her, mit Fotos und E-Mail. Bevor man dann endlich Telefonnummern austauscht, hat es sich schon wieder erledigt. Ich hatte mir ja extra Fotos machen lassen und dachte, warum nicht, wenn mir das Gegenüber zusagt, dann ist es ja okay. Dann kann man sich auch treffen. Man kann vorher über seine Neigungen, Wünsche, Vorstellungen und so weiter sprechen. Und dann trifft man sich halt in einem gewissen zeitlichen Rahmen, denn ich wollte ja nicht unbedingt, daß das eine ganze Nacht geht, aber dann wollten die nicht mit Gummi zum Beispiel, dann hast du den Streß gehabt mit der Diskussion, mit – oder gar nicht. Das kommt ganz oft vor.

Alle wollen nicht mit Gummi, alle Männer sind sterilisiert, man ahnt ja gar nicht, wieviel sterilisierte Männer hier herumlaufen müssen! Keiner kann mehr ein Kind zeugen. Und AIDS hat sowieso kein

Mensch. Da kannste reden und reden und reden, das interessiert die nicht. Dann bist du zum Teil auch noch zu teuer, das mußte ich auch sehr oft zu hören bekommen, wenn ich den Preis genannt habe. Ich hab' das immer sehr unterschiedlich gehandhabt, irgendwie – weiß ich auch nicht, so nach Lust und Laune, ich hab' da keine feste Preisliste gehabt, das fand ich nicht so toll. Wenn die gefragt haben, was nimmst du denn, das war dann so eine Spanne zwischen fünfzig und zweihundert Mark für eine Stunde.

Meine Profifreundin, die hat die Hände über dem Kopf zusammengeschlagen und meinte, du bist wohl völlig verrückt, du verkaufst dich ja unter Wert. Ich dachte aber, ich könnte ja dann genauso gut in einem Club arbeiten, da krieg' ich mehr Geld und muß das halt dann machen, aber das will ich ja nicht. Ich will auch Spaß dabei haben, und wenn ich ein paar Mark dazu bekommen, ist das nicht schlecht, das Geld kann ich gut gebrauchen.

Mich hat das alles irgendwo frustriert. Und ich hab' dann keine Lust mehr gehabt. So will ich das nicht. Das ist nicht das, was ich mir eigentlich so dabei gedacht habe, und ich bring das nicht. Und wenn meine Freundin mir Tips gegeben hat, du kannst das so machen und das so, hab' ich gemeint, das will ich aber so nicht. Wenn ich einem Mann einen blasen will, dann will ich das auch so machen, wie es sein soll. Dann will ich da nicht irgendwas vorspielen. Ich mach' das ja, weil ich auch Spaß dran habe, und nicht, weil ich hinterher Geld dafür kriege. Ich hab' das vom Kopf her irgendwo nicht geregelt gekriegt, denn wenn ich es ohne Geld mache, funktioniert das immer! Das muß irgendwie was mit dem Geld zu tun haben. Obwohl das im Grunde vom Typ her ähnliche Männer sind.

Mir ging es schlechter und schlechter und keiner wußte, woher. Und ich dachte dann, das hängt bestimmt damit zusammen. Und als ich damit aufgehört hatte, ging es mir wieder besser, und dann war es okay. Ein moralisches Problem hatte ich damit aber nicht, weil ich das schon reizvoll finde. Ich hab' auch kein Problem damit, Männer zu reizen, sie anzumachen. Natürlich nicht so billig, nuttig, schon in einem gewissen Rahmen, aber doch etwas kompromittierender. Das find' ich ganz gut.

Aber wenn die Männer dann gefragt haben, was nimmst du so, und was bietest du denn, dann war ich zum Teil schon so genervt, daß ich dann gesagt hab', ich muß jetzt raus. Ich bin dann einfach aus dem Chat gegangen und war dann plötzlich so frustriert und gereizt, daß ich gar keine freundliche Antwort mehr geben konnte. Ich war dann richtig zickig und hab' plötzlich so eine Wut in mir gehabt. Zum Teil auch wegen der stundenlangen Diskussionen darüber, was ich alles machen soll.

Was mich mal wirklich genervt hat – da war mal ein Typ, der wollte nur, daß ich ihm zuschaue. Da dachte ich, kein Thema, warum nicht, er wollte mir fünfzig Mark zahlen, ich sollte mich da hinstellen, er wäre an einem Parkplatz und er wollte es sich halt selbst machen. Und so ging das immer weiter, plötzlich wollte er einen Rock tragen, und was, wenn er noch einen Vibrator mitbringt, das wurde dann immer heftiger. Und da fragte ich mich dann, worum geht's hier eigentlich? Das ärgert mich immer wieder, wenn ich mich von irgend so einem Idioten habe einlullen lassen. Im Endeffekt wußte ich ja vorher schon, das bringt sowieso nichts. Da hab' ich mich mit diesem Typen da zwei Stunden herumgeärgert, um ihm dann zu sagen, weißt du, du bist krank im Kopf. Der hat sich da so reingesteigert, und im Endeffekt wollte er dann gar nichts zahlen. Da hab' ich dann nur noch gedacht, das sind sowieso alles Idioten, die da im Chat sind. Die labern und labern und labern, aber wenn es dann drauf ankommt, wollen die sich dann doch nicht treffen. Vor zwei Wochen zum Beispiel, da hab' ich total Lust gehabt und bin also in den Chat, hab' dann auch reingeschrieben in mein Profil, suche Real-Date, heute. Das war ganz kurios, die meisten haben mich gefragt, ob ich eine Professionelle wäre, wie teuer ich bin, aber es hat kaum einer wirklich Interesse gehabt, obwohl mich ganz viele angeschrieben haben. Ich hab' mich dann mit einem getroffen, den kannte ich aber schon von vorher, aber die anderen Männer – es ging immer wieder um Kohle, obwohl ich gar nicht wegen Geld reingegangen war. Irgendwie hat sich mein Verhältnis zu den Männern dadurch verändert. Ich nehm' die nicht mehr so ernst. Alle sind ungeliebt, die beklagen sich, statt sich zu trennen. Wenn es nicht klappt, klappt es nicht, dann sucht man sich eben jemand anderen. Aber dann rufen die immer wieder an und denken, man sitzt bloß da und wartet, daß sie mal kommen. Früher hätte mir das viel mehr ausgemacht, ich hätte viel mehr darüber nachgedacht. Jetzt schlepp' ich das nicht mehr mit mir herum.

Ich glaub', da sollte ich doch lieber Single bleiben oder lesbisch werden. Früher war das noch einfacher, da bin ich mit jemandem ins Bett gegangen, wir wollten beide Spaß, und dann ging das zwei-, drei- oder viermal, und beide wußten, daß es nur darum geht. Heute kann ich das nicht mehr so.

Ich wünsche mir einfach mehr Männer, die ehrlich sind. Neunzig Prozent leben in einer Beziehung. Ohne mit der Wimper zu zucken, würden die mit mir ins Bett gehen, weil die Beziehung halt nicht mehr stimmt und die Frau nicht mehr so toll ist. Und das wünsche ich mir eben nicht. Ich möchte keine Zweitbeziehung, keine Geliebte sein. Das könnte ich glaub' ich nicht. Ich würde sicher auch nicht treu sein, aber ich würde nie allein fremdgehen, also wenn, dann zusammen in einen Pärchentreff oder so. Das würde ich schon gerne machen. Aber das ist sehr schwierig, so jemanden zu finden, der damit klarkommt, ohne eifersüchtig zu sein. Mein ehemaliger Freund ist damit zum Beispiel nicht klargekommen. Als mich da mal jemand angefaßt hat, fand er das dann nicht mehr so super. Aber umgekehrt kenne ich das nicht, ich weiß nicht, wie ich das gefunden hätte, wenn da eine andere Frau an dem Mann herumlutscht, den ich liebe. Ich hoffe nicht, daß ich da eifersüchtig werde. Darüber offen zu sprechen habe ich aber auch kein Problem.

»Ich genieße den Sex, aber ich genieße auch das Geld.«

Chantal (38, Model und Dekorateurin)

Angefangen hat es, als ich in einer sehr lockeren und toleranten Partnerschaft mit einem Mann war. Der hat mir damals, vor sieben Jahren, als es das Internet noch gar nicht richtig gab, einen Chat im BTX gezeigt. Wir haben dann öfter versucht, ein anderes Pärchen, einen anderen Mann oder eine andere Frau zu finden.

Ja, und dann bin ich durch das Lesen der unterschiedlichen Visitenkarten, mit denen sich die Leute im Chat vorstellen, dahintergekommen, daß die Mädels alle »Taschengeld« verlangen. Und da meine Lust ohnehin immer befriedigt werden wollte, war es auch kein Problem für mich, daß ich halt dann auch Geld dafür genommen habe. Beruflich arbeite ich als Model für Schmuck und Steckfrisuren und mache nebenher Schaufensterdekoration. Im Grunde war es ganz einfach und auch nichts anderes als das Ausleben der Lust, wie ich es schon mit meinem Partner gehabt habe, denn wie gesagt hatten wir auch vorher schon Partnertausch gemacht. Und ich halte das im Prinzip auch heut noch so, es ist zwar so, daß ich mehr Dates als früher mache, weil ich ein bißchen mehr Freizeit habe, aber die Gäste, die mich kennen, sehen mich auch nicht als Hure oder Hostesse, sondern eher so als die zweite Ehefrau oder Freundin. Von dem damaligen Partner bin ich aber schon seit sechs Jahren getrennt, was aber nichts mit dem Hobby zu tun hatte, sondern er hatte geglaubt, sich in eine andere verliebt zu haben – und so ist es halt auseinandergegangen.

Ich habe jetzt seit einem Jahr eine Affäre. Das ist ein rein privates Vergnügen, aber der ist noch verheiratet. Er weiß, was ich nebenher tue, und er stärkt mir sehr den Rücken dabei. Wenn sich diese Beziehung vertieft, werde ich das Hobby aber sicher irgendwann aufgeben, denn es ist schon eine sehr innige Liebe, die nicht so ganz normal und alltäglich ist.

Wenn ich mal so bis zum dreißigsten Lebensjahr zurückdenke, jetzt bin ich achtunddreißig, genieße ich Sex jetzt ohnehin ganz anders, noch viel intensiver. Und das Verhältnis zum Mann hat sich in keiner Weise verändert. Es ist also keineswegs so, daß ich jetzt keinen Respekt mehr vor dem Mann hätte. Ich liebe und mag Männer eigentlich wie eh und je. Die Gefühle haben sich nicht verändert. Gut, ich bin vielleicht auch ein bissel anders gestrickt als andere, die einfach abstumpfen und für die das ganze fast nur noch wie eine Pflichtnummer ist oder die es des Geldes wegen machen. Und der gute Nebeneffekt ist eben, daß man dadurch auch gut verdient.

Ich bin sehr frei erzogen worden. Über das Thema Sexualität konnte man zu Haus sehr locker reden. Wobei ich das, was ich jetzt nebenher tue, natürlich nicht erzählt habe, und ich denke, das muß auch nicht sein. Aber selbst wenn es meine Eltern wüßten, würden sie noch genauso hinter mir stehen wie eh und je. Sie müssen es eben nur nicht unbedingt wissen. Ich mache auch gar keine Zeitungswerbung, wenn – dann vielleicht ein- bis zweimal im Jahr auf einer bestimmten Internetplattform, und ansonsten sind meine Kontakte eigentlich alle durch diesen Chat entstanden. Und daran hat sich eigentlich auch nichts geändert. Es ist alles sonst über Mund-zu-Mund-Propaganda weitergegangen. Ich habe dadurch auch eine Menge Stammgäste, die ich teilweise sogar als gute Freunde bezeichnen würde. Den ältesten Gast habe ich seit sieben Jahren, der ist mir heute noch genauso treu wie von Anfang an. Wir haben einfach ein tolles Freundschaftsverhältnis.

Ich sehe ganz klar Unterschiede zu den meisten Professionellen, die küssen nicht und schauen ständig auf die Uhr, und ich geh' halt auch psychologisch auf den Gast ein, so daß sie schon mal ein Problem mit mir bereden und von mir auch erwarten, daß ich mal einen guten Tip abgebe oder ihnen auch nur mal so zuhöre oder auch zwischendurch mal per Mail antworte. Das wird bei einer Professionellen niemals so sein. Bei mir müssen Gefühle einfach mit drin sein, aber auch ein gewisses Abstandsgefühl, so daß derjenige sich nicht falsche Hoffnungen macht und anfängt, eine Art von »Beziehung« zu wollen. Das muß schon irgendwo abgegrenzt sein. Und er soll schon das Gefühl haben, daß er in mir eine gute Freundin hat. Das geht auch über die Zeit der Dates für Geld hinaus, da melden sich immer noch welche, die sich aus den unterschiedlichsten Gründen nicht mehr mit mir treffen wollen, und da hab' ich dann immer noch ein offenes Ohr für sie.

Ich genieße den Sex, aber ich genieße auch das Geld. Und ich habe Preise, die schon etwas höher angesetzt sind. Ich weiß aber, daß ich das auch bekommen kann. Es ist schon ein herzhafter Nebeneffekt! Und nicht zu knapp. Meine Gäste sind eher besser betucht. Es gibt da unter anderen einen Scheich, zu dem sich mittlerweile eine gute Freundschaft entwickelt hat, wobei ich mir da einfach auch den Respekt abgehandelt habe, das heißt, ich habe mit diesem Mann keine sexuelle Beziehung, und das ist gut so. Trotz allem wird das auch honoriert. Ich denke, daß er im Innersten sicher irgendwo Sex mit mir wollte, aber wenn ich zu Besuch in Dubai war, hat er mich einfach behandelt wie eine gute Freundin. Er hat sich daneben noch ein paar andere Hostessen einfliegen lassen, von denen er sich für den Sex ein paar ausgesucht hat, aber ansonsten hatte ich immer mein eigenes Reich. Ich bin auch schon einige Male dort gewesen.

Aber es gibt auch sonst interessante Erlebnisse. Zum Beispiel mit Vater und Sohn. Mit dem Vater hatte ich schon längere Zeit Kontakt durch den Chat. Und wir hatten eigentlich ein Date verabredet, weil er zu der Zeit irgendwo auf einer Tagung war. Er war auch immer zuverlässig, hat sich im Zweifelsfall immer gemeldet, um abzusagen oder den Termin zu korrigieren. Aber wie es der Teufel will, ich geh' da morgens in meinen Chat rein, weil ich meine Post nachsehen wollte, und sehe da sein Pseudonym. Schreibe ihn mehrfach an, es kommt aber zuerst überhaupt nichts zurück, und dann irgendwann: »Ja, ich bin nicht der und der, ich bin der Sohn von dem ...« Dann gab es eine ganz nette Schreiberei hin und her. Dieser Sohn war gerade mal achtzehn Jahre alt und hat mir auch von gewissen Neigungen erzählt. Er hatte halt irgendwie herausbekommen, daß sein Vater mit mir chattet, kannte mittlerweile auch meine Bilder, hat dann das Paßwort herausgekriegt, so daß er heimlich in den Chat gehen konnte. Er hat sich dann dort schlau gemacht, was sein Vater so treibt, und hat natürlich auch herausbekommen, daß er devot ist. Und diese Vorstellung gefiel ihm sehr gut. Er hat mir das anvertraut, und wir haben sehr lange hin und her geschrieben. Dann haben wir telefoniert, und es stellte sich heraus, daß er seinen Vater schon gern mal in dieser devoten Haltung erleben möchte. Das Größte für ihn war aber, seinen Vater mal zuschauen zu lassen, wenn wir miteinander Verkehr haben. Ich habe das zwar erst abgelehnt, aber der Junge war einfach seinem Alter weit voraus. Und dann hatte ich einen Termin mit dem Vater, den dieser absagen wollte, aber nicht konnte, weil er einfach mal sein Handy vergessen hatte. Ich hab' dann zu dem Sohn gesagt: »Okay setz dich in den Zug, ich bezahl' dir das, und komm dahin, wo die Tagung ist.« Dann sind wir in das Hotel gefahren, in dem der Kongreß war. Der wußte gar nicht, was auf ihn zukam. Er war doch sehr erstaunt, daß ich einfach plötzlich da war, und meinte: »Schön, daß du trotzdem auf gut Glück gekommen bist.« Ich meinte: »Ach, so auf gut Glück war das gar nicht. Aber hier ist dein Handy.« Da war er natürlich im ersten Moment ganz entsetzt, daß ich sein Handy in der Hand habe, fragte, wie ich daran gekommen sei. Aber ich meinte: »Keine Sorge, ich bin schon auf legalem Weg daran gekommen.« Ich bemerkte dann beiläufig, daß ich seinen Sohn mit dabei habe und habe ihm dann auch von den Vorstellungen erzählt. Ihm war das natürlich anfangs peinlich, daß da zu Hause etwas auffliegen könnte, aber dann fand er diese Idee sehr reizvoll. Und diese Art von Kontakt hat dann etwa drei Jahre gehalten, bis er beruflich wegging. Das war schon etwas ganz Tolles.

Einmal gab es eine Inszenierung von einem Stammgast, in der ich eine devote Rolle hatte. Wir kannten uns schon eine Weile. Der hatte irgendwo außerhalb eine Villa angemietet und elf Geschäftsfreunde eingeladen. Ich bin von ihm mit verbundenen Augen hingefahren worden und habe auch nie einen der Gäste gesehen, kenne sie also nur von der Stimme und vom Anfühlen her. Das Ganze ähnelte vielleicht ein bißchen der »Geschichte der O«. Es gab Köche, es wurde ein Dinner inszeniert, ein Teil der Speisen wurde auf meinem Körper serviert, die Gäste durften dann von mir essen, ohne mich mit den Händen zu berühren, indem sie die Teile mit dem Mund wegnahmen. Irgendwann hat man mich einfach mit Fesseln fixiert, mit gespreizten Beinen, ausgestreckten Armen, offen einfach für alle. Die Männer haben mich dann einfach angewichst, mit Natursekt bespritzt, mit mir gevögelt, alles natürlich schön mit Kondom, dafür hat der Gastgeber schon gesorgt, er war das Oberhaupt und hat auch die Kontrolle dabei behalten. Das war schon ein gigantisches Erlebnis, einfach nichts sehen zu können, einfach sich ganz dem Gefühl hinzugeben und einfach nur spüren zu können. Das war schon absolut toll. Irgendwann hat man mich dann eingeölt, eingekleidet. Und hat mich dann genauso mit verbundenen Augen von dort wieder weggefahren, unterwegs erst die Augenbinde wieder abgenommen und dann wieder nach Hause gebracht.

Auch wenn ich SM-Spiele schätze, mag ich absolut keine Extremschmerzen, und ich würde auch nie einem anderen solche Schmerzen zufügen. Wenn es um SM geht, dann im soften Bereich, das heißt also leichtes Spanking oder Bondage, da bin ich sowohl passiv als auch aktiv, aber Nadelbehandlungen, Katheterisierungen und was es sonst noch gibt – das ist überhaupt nicht mein Ding. Ich bevorzuge den relativ normalen Bereich bis hin zu frivolem Ausgehen, aber was darüber hinaus geht, muß nicht sein. Ich denke, daß ich als Frau von Natur aus eher devot bin, aber dann die »perfekt dominante Sklavin«, also, ich sage schon, was ich möchte. Das ist aber ein Spiel, zu dem sehr viel Vertrauen gehört, das mache ich nicht mit jedem. Das entsteht einfach erst mit der Zeit, wenn man sich länger kennt, daß man experimentiert, was man miteinander tun kann. Also nie von Anfang an.

Schlechte Erfahrungen habe ich kaum, ich habe wohl zwei-, dreimal jemanden wieder weggeschickt, weil es einfach vom Aussehen her nicht gestimmt hat oder wegen Unreinlichkeit, also, wenn dir da der Duft schon an der Haustür entgegenströmt und er wie drei Wochen abgestanden riecht, muß ich das glaub' ich nicht haben.

Ich kann mir die Leute ja aussuchen, die schicken mir per E-Mail vorab ein Bild. Und jeder muß damit rechnen, daß ich auch nein sagen könnte. Was nicht heißt, daß ich den dann gleich an der Tür abfertige, ich würde ihn schon hereinbitten, zusammen was trinken, und uns auch nett unterhalten, bis ich ihm dann sage, das war's. Also so wichtig ist mir das Geld nicht, daß ich mir jeden dafür antun würde.

Ich erwarte, daß der Mann mir erst mal ein Bild schickt. Männer, die dann sagen: »Wieso, schließlich zahle ich doch dafür«, werden bei mir nie landen. Da kriegt man dann manchmal so etwas zu lesen. So jemand ist eh unten durch, den kannst du absolut vergessen. Da wünsche ich mir mehr Respekt. Manche fragen ja auch, was ich will und was ich suche. Und ich habe auch kein Problem damit, wenn ich lese, das ist mir zu teuer – oder daß er einfach nicht für Sex zu bezahlen braucht. Das ist okay, das kann ich akzeptieren. Oder auch wenn einer sagt, du bist nicht mein Typ, und bleibt dennoch höflich dabei. Aber wenn sie anfangen zu schimpfen, du Nutte, du Hure oder sonstwas, geht es zu weit. Männer sollten einfach versuchen, auch wenn sie sich am PC verstecken können, höflicher zu sein. Und da hat seit der Interneteröffnung das Niveau leider teilweise abgenommen, was zu BTX-Zeiten früher nicht so war

Swingerclubs sind für mich eigentlich nicht mehr so interessant. Bis auf das geschilderte Erlebnis mag ich es eigentlich nicht, daß mich tausend Hände einfach so anrühren. Ich konzentriere mich lieber auf ein, zwei Personen, als daß da wahnsinnig viele drum herum sind. Bei dem Erlebnis war es einfach durch die verbundenen Augen spannend geworden, das war das Tolle. Früher fand ich Swingerclubs mal ganz interessant. Es war anfangs Neugierde und hat Spaß gemacht, da hat man den Sex auch wirklich noch anders genossen.

Die heutige Generation ist zwar ganz gut aufgeklärt, aber schon fast wieder »biedermeiersträußchenmäßig«. Das mag mit der AIDS-Generation zusammenhängen, daß sie sich sehr früh binden, dann kommt die Selbstverwirklichungsphase, dann plötzlich wird sich auch genauso schnell wieder getrennt. Man nimmt es gar nicht mehr auf sich, mal auf Diskussionen einzugehen und Mißverständnisse aus dem Weg zu räumen, und trennt sich wirklich schon wegen einer zerdrücken Zahnpastatube. Und was den Sex angeht, sind die meisten, obwohl sie locker, frei und aufgeklärt sind, doch eher verklemmt, sie sprechen eigentlich nicht direkt darüber. Wenn ich als Frau nicht sage, was ich möchte, dann bleibe ich irgendwo auf der Strecke. Das machen Frauen immer noch verkehrt innerhalb der Beziehungen, daß sie ihr Recht nicht geltend machen und dann irgendwas über sich ergehen lassen. Und das führt dann wieder dazu, daß der Mann sich nebenher was sucht, eine Hostesse, eine Geliebte oder sonstiges. Statt daß man das mit einem Gespräch aus dem Weg geräumt hätte. Was natürlich für Frauen wie mich wieder von Vorteil ist. Insofern wird sich glaub' ich auch nichts ändern. Nur ich war eben immer der Meinung, daß ich auf meine Bedürfnisse nicht verzichte, und insofern tue ich auch nur, was mir Spaß macht. Was das betrifft, bin ich eher wie ein Mann. Wenn ich Lust habe, dann mach' ich es mir auch selbst und nicht nur einmal am Tag, oder schau' mir auch genauso gern Bilder im Internet an, um mir ein gewisses Prickeln aufzubauen. Und ansonsten hole ich mir das, was ich brauche.

Allerdings, das mit meiner Affäre, das ist schon Sex der besonderen Art. Obwohl der im Prinzip einfach gestrickt ist. Bei uns genügt manchmal wirklich nur eine Berührung, ohne direkten Sex praktiziert zu haben, um zum Orgasmus zu kommen. Und das ist wirklich etwas Besonderes, was man auch festhalten sollte. Man braucht gar nicht immer irgendwelche tollen Techniken. Und das betrifft nicht nur den Sex, sondern auch das ganze menschliche Drum und Dran. Also, da ist wirklich eine extreme Energie da, ein intensives Gefühl, und das ist schon etwas Schönes. Ich hab' rein sexuell wirklich viel erlebt in meinem Leben, schon in ganz jungen Jahren, und es macht mir auch immer noch viel Spaß. Und trotzdem sage ich – mit ihm, das ist das Nonplusultra! Hätte ich eigentlich nie geglaubt, daß es so etwas noch gibt. Das kann ich mit nichts, was ich je erlebt habe, vergleichen. Das mindert aber auch nicht meine Lust auf fremde Haut. Irgendwann werde ich mit Sicherheit als Hobbyhure aufhören, und dann würde es mir aber mit diesem Mann absolut genügen. Er ist genauso lustvoll wie ich, da sind wir beide gleich gestrickt und so etwas findet man selten. Er hat allerdings sonst keine anderen Frauen, außer seiner Ehefrau. Die zwei kommen auch gut klar, aber sexuell will sie nichts von ihm, und er zwingt sie auch nicht. Das ist eben einfach ein freundschaftliches Verhältnis in dieser Ehe. Und ich habe nicht die Absicht, das anzutasten.

»Mein Leben ist nun mal Sex, was soll ich machen?«

Jaqueline (29, Installateurin)

Jaqueline schreibt im Internet über sich:
»Es war die Sehnsucht ... Es war die Sehnsucht, das Verlangen, die unerbittliche Gier nach dem Besonderen, welche mich auf den Pfad der bizarren Lust führten.

Es fing bei mir sehr früh an: Mit 15 Jahren erlebte ich bereits mein erstes Mal, und ich war enttäuscht, denn meine Phantasien waren einer anderen Natur entsprungen. Die Suche nach dem »Kick« blieb bis zu diesem Zeitpunkt, in dem ich die Annonce las, unerfüllt. Ich rief an, machte einen Termin aus, stellte mich vor und prompt ging ein Traum für mich in Erfüllung, ich arbeitete in einem Domina-Studio!

Ich war da im Paradies, im Schlaraffenland der Lust, im Himmelreich der Gefühle. Kein Spiel gleicht dem anderen, die Phantasie kennt hier keine Grenzen. Es gibt hier kein Versteckspiel mehr, keine verborgenen Phantasien und keine Scham mehr vor mir selber, keine Show, alles echt, ja, das ist es, die Echtheit und die Abwechslung. Das brauche ich, um glücklich zu sein.

Ob du die treibende Energie bist oder ich, egal, wir spielen unser Spiel, denn Leidenschaft ist die Quelle der Inspiration, der Kreativität, des Erfolges, der Liebe zu sich selbst.«

Und sie erzählt*:* Das Ganze begann vor drei Jahren. Ich las eine Annonce in der Zeitung, »Sklavia gesucht«, und die hat meinen

Schädel buchstäblich zerspringen lassen. Ich wußte nicht, was eigentlich dahinter steckte. Dann hab' ich natürlich dort angerufen, hab' gesagt, ich bin in einer Stunde da, hab' mich dort vorgestellt, und die haben mich auch sofort genommen. Ich habe dann morgens gearbeitet, von zehn bis siebzehn Uhr. Anfangs stand ich unter der Obhut einer Domina, einer sehr guten sogar, die hat mir so einige Dinge gezeigt und mich mit in die Spiele hineingenommen. Auf jeden Fall war das eine Bereicherung für mein Leben. Für meine eigene persönliche Entwicklung und in sexueller Hinsicht. SM-Erfahrungen hatte ich vorher keine, es waren bis dahin nur Phantasien. Allerdings hatte ich meine Ex-Freunde immer zu gewissen Spielen genötigt, da waren wir beispielsweise in der Badewanne, und ich sagte: »Ich pinkle dich jetzt an!« Einfach so, und dann habe ich es auch gemacht. Hat er sich gefallen lassen. Und einmal habe ich auch einem den Finger in den Arsch gesteckt, als ich ihm einen runtergeholt habe. Dann hab' ich natürlich auch von meinen Freunden verlangt, daß sie mir auf den Hintern hauen beim Ficken. Nur wußte ich nicht, wie ich das einordnen sollte. Mir war damals gar nicht bekannt, was es alles gibt, ich hatte mich auch noch nie mit SM auseinandergesetzt, und daß man das so bezeichnet, wußte ich auch nicht.

Anfangs hatte ich natürlich im Studio auch Gäste, deren Spiele mir gar nicht so gepaßt haben, wobei das nicht an den Praktiken lag, sondern einfach an dem Gefühl, das sie mir vermittelt haben. Das heißt, sie gaben mir nicht dieses Sicherheitsgefühl, das ich mir vom heutigen Standpunkt aus wünsche. Ich konnte auch noch nicht einordnen, was ich genau brauche, da meine persönlichen Neigungen sehr abstrakt sind, das heißt ich brauche eine gewisse Gangart beim Sex, so sehr hingeben kann ich mich von mir aus nicht. Ich brauche schon eine gewisse Macht des Mannes, die mich zwingt, daß ich mich unterwerfe. Und dann gab es auch Erfahrungen, die mir sehr gut gefallen haben. Daran habe ich auch gesehen, was ich privat für mich überhaupt brauche und wohin ich eigentlich tendiere. Für einen Außenstehenden sieht das sicher sehr brutal aus, wenn ich mich wehre und er drückt meine Beine auseinander und »vergewaltigt« mich. Das ist eine Gangart, die im SM auch nicht so gern gesehen wird, in die Öffentlichkeit von SM-Clubs könnte man mit so einem Spiel sicherlich nicht gehen, und im Studio mache ich das auch nicht.

Aber da gab es Männer, die waren konsequenter und konnten auch führen beim Spiel. Die haben einen gewissen Takt gehabt, auf den ich mich einlassen konnte, in dem ich mich wohl gefühlt habe. Wo ich auch die Geborgenheit hatte, die dazu gehört. Das Sicherheitsgefühl.

Menschen, die damit nichts zu tun haben, haben ja so ein gewisses Klischee von »Sklavia«, damals – Galeerenschiff, sie wird benutzt und solche Geschichten. Aber ich habe eben gesehen, daß das eine sexuelle Spielart ist, und genau da finde ich mein Glück, meine persönliche sexuelle Befriedigung. Aber ich konnte das nie in eine Beziehung einbauen. Ich hatte, nachdem ich im Studio angefangen hatte, einen netten Mann kennengelernt, wobei ich am Anfang bei ihm dominant war. Ich bin wieder in diese alte Rolle zurückgeschlüpft, denn ich dachte, damit könnte ich bei ihm etwas bewirken. Das war aber nicht so, denn er hat sich darin gesuhlt. Ich habe dann eine Annonce gefunden, in der ein dominanter Mann eine Sklavin gesucht hat. Da hab' ich schließlich angerufen, ihn aber nicht erreicht. Ich habe dann diese Annonce ein halbes Jahr mit mir herumgetragen, bis ich es wieder versucht habe. Der hat dann sozusagen aus mir meine »wirkliche Stilrichtung« herausgeholt. Er hat mir prägnante Fragen gestellt, in meiner Psyche herumgewühlt, in meinen Bedürfnissen, in meinen Sehnsüchten. Hat mich inspiriert. Und hat Gefühle in mir geweckt, von denen ich nie gedacht habe, sie mal zu empfinden. Das war wie ein »Gehirnfick«. Ich konnte mich dann endlich einordnen. Die innere Irrfahrt meiner sexuellen Ausrichtung war einfach von da an zu Ende. Aber das funktionierte auf Dauer nicht, weil er sich seiner selbst nicht genügend bewußt war. Das heißt, wir haben nicht zusammengepaßt, er konnte mir nicht das Gefühl von Sicherheit vermitteln. So verlief sich das

Ganze, zumindest habe ich dann Klartext geredet, daß ich mir das mit ihm auf Dauer nicht vorstellen kann. Ja – und dann habe ich zwei Jahre verstreichen lassen.

Jetzt arbeite ich immer noch in dem Studio, allerdings nur sonntags von zwölf bis zwanzig Uhr. Und auch nur, um meiner Phantasie freien Lauf zu lassen. Mein Leben ist nun mal Sex, was soll ich machen? Ich kann mich dagegen nicht wehren und davonlaufen. Ja, und der Sex findet für mich zur Zeit eben im Studio statt.

Für manch anderen ist das sicher kein Sex. Für mich schon. Für die ist Sex der Geschlechtsakt an sich, aber der wird dort nicht praktiziert. Zumindest selten gewünscht, und wenn, dann nur unter bestimmten Voraussetzungen, und das biete ich nicht, da ich ja inzwischen meist auch in der dominanten Rolle arbeite, weil die ganz stark in mir steckt. Der Geschlechtsakt untergräbt dann meine Integrität, ich nehm' mich dann selbst nicht mehr ernst – ich meine, ich verkaufe nicht meine Muschi, sondern meine Phantasie.

Im Privaten mag ich eher die passive Rolle, wobei ich da auch gern mal die aktive übernehme. Switcher nennt man das, und für manche ist dieser Rollenwechsel nicht vorstellbar – sich auch mal hinzugeben oder auch mal dominant zu sein. Für viele ist das nicht nur ein Stilbruch, sondern auch ein Bruch der Integrität, der Glaubwürdigkeit. Daß es da fließende Übergänge gibt, das ist in der SM-Szene so ein bißchen verpönt. Für mich ist das noch lange kein Stilbruch. Der findet für mich statt, wenn man anfängt zu zweifeln an dem, was man tut. Oder wenn ich ein Blinddate habe, wie geschehen, und der Mann tritt plötzlich von hinten an mich heran und klopft mir auf die Schulter. Und der gab sich vorher als Dominus aus. Das ist für mich eindeutig ein Stilbruch. Aber nicht, Switcher zu sein.

Ich habe mir ein Buch gekauft, eine Analyse über SM-Praktiken, da hat man verschiedene Menschen interviewt, und da wird klar, das hat alles vermutlich wenig mit der Kindheit zu tun oder mit Perversion. Pervers wird es für mich persönlich erst, wenn ich etwas mache, was der andere nicht will. Dann, weiß ich, bin ich ein Fall für den Psychiater. Ich verdiene mit dem Job nicht hauptsächlich meinen Unterhalt. Er inspiriert mich, ich liebe die Phantasien anderer Menschen, ich lebe sie gern mit, und ich bin auch gerne Akteur. So war ich schon immer. Und die Gefühle, die sich aus so einem Spiel entwickeln, die brauche ich als Inspiration. Da bin ich kreativ, und diese Inspiration trägt mich dann in meinem Alltag. Ich stehe dann morgens auf, mit einem Supergefühl, mit Superphantasien, bin glücklich, renne den Leuten entgegen und freue mich über jeden, der mir entgegenkommt. Das macht mich einfach zu einem positiven Menschen. In den Beziehungen früher habe ich mich nicht befriedigt gefühlt, hab' mich gehenlassen, und mein ganzes Weltbild war verzerrt und eingeengt. Und jetzt gibt mir das eine gewisse Freiheit.

Ich weiß nicht, ob es Dinge gibt, die ich nie tun würde. Aber mit Sicherheit mag ich keine Babyspiele, also, bei denen devote Männer in die Babyrolle gehen. Da komm ich mit mir selbst in Konflikt. Ich muß da an Sex mit Kindern denken, und da wird mir übel. Als ich da mal irgendwo Bilder gesehen habe, bin ich kotzen gegangen. Das ist für mich wirklich der pure Ekel. Und deswegen kann ich das auch mit Männern nicht machen, denn ich müßte mich da hineinversetzen und denken, das ist jetzt ein Baby, und mach' dann irgendwelche sexuellen Praktiken oder so, oder ich halte ihm den Mund zu und hindere ihn am Atmen – da kommt dann einfach mein Mutterinstinkt durch. Und das ist für mich eklig. Ich verachte die Männer zwar nicht, aber ich möchte mich persönlich damit nicht konfrontieren.

Leute, die keine Ahnung haben, denken, eine Domina packt sich die Leute und prügelt sie windelweich, um sie dann zu unterwerfen. Manche haben den Mut, sich damit auseinanderzusetzen und zu schauen, wie das denn wirklich ist. Manche aber nicht. Und das ist das Gefährliche, das bleiben dann Vorurteile. Die Perversion fängt doch da an, wenn man jemanden zu Dingen zwingt, die er nicht möchte. Zum Beispiel habe ich in dem SM-Buch gelesen, wie einem Sklaven die Fingernägel ausgerissen wurden – also, ich meine, wer so etwas macht bei einem anderen, der ist für mich ein Fall für den Psychiater. Der muß eingesperrt werden. Das ist doch gefährlich, menschenunwürdig. Auch wenn ich im Internet-Chat bin, und da kommt dann der, der sich »tabulose Sau« nennt, und schreibt: »Machen Sie mit mir etwas, Herrin!« Da denk' ich mir auch, kein Interesse, so was brauch' ich nicht. Ich brauche Sklaven mit Charakter. Die sind sich auch gar nicht bewußt, was sie machen. Wenn die mal losgehen und geraten wirklich an so einen kranken dominanten Menschen, der macht doch mit denen, was er will, nur um seine Aggressionen an jemandem auszulassen.

Einmal hatte ich einen Gast, der hat gesagt, ich soll eine Maske aufsetzen und mich ganz in Gummi kleiden. Er hat dann in der Zofenkammer auf dem Bett gewartet. Ich bin reingegangen, um das Bett herum, und plötzlich meinte er: »Komm her und blas mir einen.« Ich hab' ihm dann die Maske abgenommen und gesagt: »So nicht, komm, wir brechen das Spiel ab.« Das war mein schlimmstes Erlebnis. Aber meistens sind es schöne Sachen, nur, da kann man nicht soviel von der eigenen Persönlichkeit hineinbringen, sonst wird es unprofessionell – die Gefahr ist einfach, daß man sich mal in einen Gast verliebt, und das ist nicht das, was ich mir erträume, einen Gast als Freund. Bekanntschaft schon. Aber ich nehme meine Arbeit nicht mit nach Hause. Wobei es mehr ein Hobby als eine Arbeit ist. Aber wenn ich zu Haus einen Gast habe, mit dem ich im Studio irgendwelche Sachen mache, dann habe ich das Gefühl, daß ich mein Haus beschmutze. Obwohl ich hier möglicherweise das Gleiche machen würde, aber eben nur mit einem Mann, der nicht mein Gast war. Denn im Studio ist das alles irgendwo nicht echt, das ist inszeniert, daher. Und hier zu Hause würde ich mich auch richtig öffnen.

Einmal hatte eine Domina ein Vorgespräch mit einem Gast, der wollte zu ihr und wurde dann weggeschickt. Sie sagte: »Ey, den hab' ich weggeschickt, iih – der wollte mit mir ficken, ich bin doch keine Nutte.« Und das in Gegenwart von zwei Sklavias, die das durchaus tun. Das tut mir unheimlich weh. Genauso, wenn eine Domina

Männer dominiert, weil sie Männer haßt. Ich finde, da hat die Frau einfach ihren Job verfehlt.

Ich bin jeden Sonntag frisch, bin neu inspiriert, bin immer gut drauf, im Gegensatz zu anderen, die drei oder vier Tage die Woche arbeiten. Die sind dann natürlich ausgelaugt. Denn das ist ein sehr sehr anstrengender Job, auch wenn man das von außen vielleicht nicht so sieht. Du mußt deinen Kopf anstrengen, du mußt dich konzentrieren. Und wenn du ein Spiel über eine Stunde machst oder über zwei, drei Stunden, dann brauchst du wirklich einen klaren Kopf. Und das ist schon sehr anstrengend. Aber ich kann jeden Sonntag mit frischer Miene dort antanzen und bin voll konzentriert, neu inspiriert. Und ich geh' dann mit Lust daran, nicht mit Zwang. Das ist das, was ich als Unterschied zu den Profis sehe. Das merken die Gäste auch. Die gehen dann mit einem Lächeln und fühlen sich ernst genommen. Das ist mir persönlich sehr wichtig. Ich will ja auch ernst genommen werden, für mich ist das nicht nur »Geld nebenbei verdienen«, sondern es ist für mich Arbeit mit Menschen, und die haben auch ihre Würde. Und sie haben das ja auch verdient, schließlich zahlen die pro Stunde zweihundertvierzig Euro! Das muß man sich mal vorstellen. Und für dieses Geld muß man wirklich sein Bestes geben. Das ist aber auch der übliche Tarif in diesem Studio.

Durch diesen Job bin ich einfach selbstbewußter geworden. Habe mehr Selbstvertrauen. Ich stehe zu dem, was ich tue – wobei, das muß man auch differenzieren. Ich kann nicht durch die Welt laufen und jedem davon erzählen, was ich mache. Das erschreckt viele. Ich muß mir wirklich wohl überlegen, mit wem ich über gewisse Dinge rede. Aber wenn mich direkt jemand danach fragt, dann sag' ich, ja, das mache ich. Und wenn sich derjenige dann von mir entfernt, dann sehe ich das als Intoleranz an. Dann sagt mir das auch, dieser Mensch lebt in einem Klischee und ist nicht gewillt, sich damit auseinanderzusetzen.

Ich bin auch nicht mehr so leicht zu haben. Ich suche mir die Männer genauestens aus. Und wenn ich dann eben anderthalb Jahre privat keinen Sex habe, das ist mir egal, ich komme gut klar damit. Ich weiß eben auf jeden Fall, was ich brauche. Das hat sich daraus entwickelt. Das ist mein eigenes Selbstbewußtsein. Früher bin ich schon mit Männern einfach so ins Bett gegangen. Aber jetzt weiß ich, was ich will, und warte, bis ich denjenigen gefunden habe. Ich muß mir aber auch einen gewissen Instinkt aneignen, daß ich genau das finde, was ich suche, und das ist schwer. Man kann ja nicht auf die Straße gehen und einfach die Leute angucken und abchecken. Man muß sich schon öfter mit einem Menschen befassen, um zu erkennen, ob es paßt.

Eigentlich bin ich ein sehr moralischer Mensch. Ich orientiere mich da auch an meiner Schwester, die erzkonservativ ist. Meine Moral besteht eigentlich nur darin, daß ich ansonsten in meinem Privatleben nicht herumhure, das heißt, ich nehme keine Männer mit nach Hause. Ich brauche nicht die ganze Welt, um mich zu befriedigen. Ich brauche das Besondere. Aber ansonsten verstecke ich diese Neigung. Außer natürlich, jemand entdeckt mich im Internet. Wobei meine Mutter darüber Bescheid weiß. Sie ist die, mit der ich über alles spreche, sie ist sozusagen meine beste Freundin. Das hat sich natürlich auch erst entwickeln müssen. Sie hatte davon schon einiges »gerochen«, aber sie dachte, ich würde richtig in einem Bordell arbeiten. Aber dem ist ja nicht so.

Jeder ist unterschiedlich. Die große Aufklärungskampagne in den neunziger Jahren, mit »Liebe Sünde« und was es nicht alles an Sendungen im Fernsehen gab – die Leute haben sich das reingezogen, aber das hatten wir doch schon mal, in den sechziger Jahren. Da waren auch alle geschockt. Da ging es um Rudelficken, heute geht es schon um abstraktere Dinge, Liebespraktiken, und trotz alledem ist in den Schlafzimmern auch nicht mehr los. Und es ist auch nicht so, daß die Menschen keine Phantasien haben, keine Möglichkeiten – sie hätten die Möglichkeiten! Aber sie reden nicht miteinander. Ehemänner, die zwanzig Jahre mit ihren Frauen zusammen sind, erzählen ihrer Frau, daß sie auf gewisse Praktiken stehen, und die Frau geht mit denen von da an nicht mehr ins Bett! Und mit solchen Männern habe ich es dann zu tun. Alle sind verheiratet oder haben eine Ehe hinter sich, in der die Frau auf gewisse Praktiken nicht stand. Das ist fatal. Es ist aber alles eine Sache der Kommunikation und des Vertrauens. Und das ist einfach in manchen Schlafzimmern nicht vorhanden. Da begnügt man sich mit dem Nullachtfünfzehn-Sex, eine viertel Stunde, das reicht für die ehelichen Pflichten. Aber daß dahinter noch mehr steckt, Leidenschaft – ja also, die machen aus dem Sex eine Pflicht, und das ist nicht okay. Sex ist ein Bedürfnis! Und man muß sich freuen, mit dem anderen diese Praktiken zu machen, sich freuen, dem anderen körperlich nah zu sein. Das ist meine Vorstellung. Ich will mich auf meinen Mann freuen! Und leider ist es oftmals nicht so. Männer distanzieren sich von ihren Frauen und umgekehrt und leben nebeneinander her, vergeuden damit kostbarste Zeit, nur weil sie nicht in der Lage sind, aufeinander einzugehen und aneinander keine Erfüllung finden. Ja, und dann kommen die halt zu uns. Wir zwingen niemanden, zu uns zu kommen. Oder zu mir. Ich kann mich nur anbieten, mehr nicht. Weil ich es gern tue. Mir macht das Spaß.

Und die Männer sollten sich ein bißchen mehr mit der weiblichen Anatomie und dem Gefühlsleben auseinandersetzen. Das vernachlässigen viele. Wenn Männer natürlich immer nur mit der Wünschelrute durch die Gegend rennen, dann können sie nicht zu ihrer wahren Befriedigung kommen. Das ist meine Erfahrung, das ist wirklich so. Und viele wollen einfach nur vögeln, die wollen nicht viel Brimborium, die wollen wirklich nur das Eine. Das ist für sie das Nonplusultra. Ob es nun der Frau weh tut, weil die Muschi trocken und sie nicht erregt ist, ist vielen Männern egal.

Ich bin jetzt 29, gelernte Gas-Wasser-Installateurin, habe auch einige Jahre in dem Beruf gearbeitet und mache jetzt das Abitur. Wenn ich das in einem Jahr abgeschlossen habe, dann werde ich vier Jahre studieren und zwischenzeitlich wahrscheinlich ein eigenes Unternehmen gründen, Möbel, SM-Möbel. Aber da muß ich mich noch ein bißchen umhorchen, ich brauche auch einen Absatzmarkt, eigene Marketingstrategien. Aber ich denke, das geht schon in Ordnung. Ich habe mir auch gedacht, vielleicht in eine SM-Selbsthilfegruppe einzusteigen, als Beraterin. Irgendwo muß ich mich sozial engagieren, das Bedürfnis habe ich auf jeden Fall. Ich sehe das ja auch an den Frauen, die sind oft so unzufrieden! Also – Dienst am Menschen, das würde mich auch reizen.

»Wie kommt man schnell an viel Geld?«

Petra (33, Informatikstudentin)

Ich mache gerade eine Umschulung zur Informatikkauffrau und leb' allein in einem kleinen Haus in Schwaben, bin jetzt 33 Jahre alt. Ich wußte schon seit ein paar Jahren, daß ich eine Umschulung machen will, und hab' mir dann auch überlegt, wie ich die Umschulung finanziere – also, wie schlau ich bin, wie schnell ich irgendwas auffass', wie ich die Zeit dafür hab', nebenbei arbeiten zu gehen. Und da ich fünfzehn Jahre in der Gastronomie war, hab' ich keine Lust mehr gehabt, bedienen zu gehen, weil – immer das Auf-Kommando-nett-Sein, auch zu Gästen, die einfach blöd sind, das ist mir da eh schon auf den Keks gegangen.

Und dann hab' ich mir überlegt, wie kommt man schnell an viel Geld, und da ist mir der Nebenjob eingefallen, irgendwann nachts im Bett. Dann dacht' ich, ich hab' Internet, gibst mal eine Anzeige auf. Hab' ich dann auch gemacht, und 'ne Menge Resonanz bekommen, also, ich dacht', ich hätt' da irgendwie eine Marktlücke gefunden oder so, es gibt wohl nur Männer, die keine Frauen haben, oder ich dacht', ich bin die einzige Frau auf der ganzen Welt. Hab' dann also viele Zuschriften gekriegt, hab' dann auch aussortiert: Wer gleich »bin geil« geschrieben hat, hat gar keine Antwort gekriegt, und wer mir überhaupt nicht gefallen hat, mit dem hab' ich mich auch nicht getroffen. Der Stil, wie sie mir geschrieben haben, war schon mal wichtig, auch das Bild, wenn eins dabei war, also wenn ein Mann ganz arg dick war oder ganz arg alt, hab' ich nein gesagt, weil ich dachte, vielleicht übergeb' ich mich dann im Bett – das konnt' ich mir gut vorstellen, daß mir das passiert. Und auch am

Telefon merk' ich schon, ob mir jemand sympathisch ist oder unsympathisch.

Ich hab' also bisher immer Supermenschen getroffen. Also, ich muß sagen, von meinen Menschenkenntnissen profitiere ich sehr viel, durch die fünfzehn Jahre in der Gastronomie. Und es haben sich auch mittlerweile schon einige Freundschaften draus entwikkelt, also, auch Leute, die mir im Beruf helfen oder in der Schule, die bereit sind, auch wenn sie mal in der Nähe sind, mich auf einen Kaffee zu treffen, und mir irgendwas für die Schule erklären. Also wirklich klasse Leut, die helfen, ohne irgendwie was dafür zu wollen oder so. So war das bisher, also ich hab' noch nie irgendeine schlechte Erfahrung gemacht. Wenn ich mich mit jemandem zum Lernen treff', dann passiert unter Garantie auch kein Sex. Aber sich da umstellen, das fällt den Männern schwer. Aber wenn ich mich mit jemandem privat treff', dann bleibt der Abend auch privat.

Die Entscheidung, das zu machen, war schon erst mal schwer. Bis man so seine eigenen Kriterien setzt, wo man dann sagt – nur Männer, die dir sympathisch sind. Wenn du dich dann daran hältst, dann ist es eher leichter. Einen festen Partner, auf den ich Rücksicht nehmen müßt', hab' ich nicht. Also, ich kann mir vorstellen, daß es Männer gibt, die da was dagegen hätten, und ich kann's mir durch die Umschulung net leisten, mit dem Job aufzuhören. Ich weiß auch nicht, ob ich jetzt jemanden so nah an mich drankommen lass', daß ich ihm das dann mal erzähl'. An Sex mangelt's mir nicht, so gesehen, also bei uns Frauen ist es ja eh nicht so, daß wir so notgeil sind, daß wir uns dann verführen lassen müßten. Also, ich lass' niemanden näher an mich ran, auch wenn er mir gefällt oder so, weil ich dann einfach meinen Nebenjob im Kopf hab' – ich bin eher so ein Kopfmensch. Ich weiß, was ich will, daß ich meine Umschulung machen will, und da renn' ich alles um, was mir zwischen die Füße kommt. Mit meiner sexuellen Lust hat das weniger zu tun, da mach' ich es mir besser selbst – ja, ich könnt' ja einem Mann auch erst mal eine Stunde lang vorher erklären, auf was ich steh', aber ich denk', die meisten laufen dann weg. Es wär' vielleicht gelogen, wenn ich sag', es macht mir gar keinen Spaß, aber ich hab' net unbedingt was davon. Also, nur wenn ich da selbst ein bissel nachhelf'.

Bevor ich mit dem Nebenjob angefangen hab', hab' ich vier Jahre keinen Sex gehabt. Von daher halt ich das auch gut ohne aus, also ich brauch' das nicht unbedingt und schon gar keine wechselnden Partner. Nee, mit Geilheit hat das nix zu tun. Mir macht es eigentlich Spaß, so die Leute kennenzulernen, mich mit denen zu unterhalten, das macht eigentlich immer einen Heidenspaß – und wenn dann da auch Freundschaften draus werden, das find' ich total klasse.

Das ist einfach die Wahrheit, ich steh' privat nicht auf wechselnde Partner. Also, wenn ich eine Beziehung hab', ist mir das lieber, weil irgendwann der Mann dann auch mal weiß, was ich will. Ich bin da sehr offen. Ich geb' deswegen den Männern nicht das Gefühl, daß ich eine Professionelle wäre, die nimmt ja alles mit, was kommt, weil es einfach ihr Geschäft ist, was ich auch bewundere, aber ich könnt's nicht. Ich mach' es auch net so oft, ich mach' es auch nicht zehnmal im Monat oder so, da braucht' ich auch keine Umschulung mehr. Und ich bin keine, die ständig auf die Uhr guckt. Ich unterhalt' mich mit den Männern, geh' mit denen vorher essen. Und ich treff' mich auch mit jemandem auf einen Kaffee auf die Schnelle, um ihn mal kurz kennenzulernen, ohne daß ich dabei was verdiene. Die Männer wissen, um was es geht, die wissen, warum ich das mach', und finden das auch irgendwo klasse, behandeln mich auch immer gut, aber daß ich befriedigt bin – nee, ich bin mehr so eine SM'lerin, also, ich kann von Blümchensex nicht befriedigt sein.

Also, was Männer manchmal meinen, was eine Frau geil macht, da denk' ich manchmal: Hat sich der Mann noch nie die Mühe gemacht zu fragen, was eine Frau will? Es sind ja so unterschiedliche Wünsche und Berührungen, die eine Frau erregen können, manche wissen das überhaupt nicht, und das sind welche, die sind fünfunddreißig Jahre alt! Da frag' ich mich, was die ihr Leben lang gemacht haben. Wahrscheinlich haben die ihre Frauen nie gefragt.

Den Kitzel, daß man da im Hotel ist, und die Unsicherheit der Männer, das find' ich total klasse, total interessant. Und es gibt schon Dinge, die lass' ich nicht an mich heran, wie Sperma im Gesichtsbereich, das ist etwas, was ich mir für meinen Partner aufspar', das ist mein absolutes Tabu. Auch alles, was mit Fesseln zu tun hat, mach' ich nicht, weil ich da schon einige Berichte von einem von der Kripo gehört hab', von Huren, die das gemacht haben, wie sie dann danach ausgesehen haben, also das ist mir dann doch ein bissel zu gefährlich. Überhaupt, SM, das geht dann schon wieder zu nah an meine Persönlichkeit heran.

Aber ich hab' schon schöne Erlebnisse. Zum Beispiel einen, mit dem treff' ich mich seit letztem Jahr, und wir verstehen uns total klasse, das ist eine ganz innige Beziehung irgendwie, wir telefonieren auch oft, und wenn er mal in der Nähe ist, dann ruft er mich an, und der hilft mir zum Beispiel sehr bei meiner Schule. Der hat mir auch geholfen, ein Praktikum zu bekommen bei einer Firma. Die Abende mit ihm machen mir Spaß, weil das einfach auch Stil hat. Wir gehen also immer schön was essen und unterhalten uns viel, was uns so passiert ist, und was ich so erlebt hab'. Und er weiß auch von meiner Neigung, die ich da noch hab', findet das total interessant, er könnte aber nie der dominante Mann sein. Ja, das macht einfach Spaß, mit dem treff' ich mich immer gern.

Aber wenn ich zu jemandem nach Haus komme, und der macht die Tür auf und hat einen Jogginganzug an, das ist für mich sehr ungewöhnlich. Das ist für mich absolut stillos. Da fühl' ich mich so in eine Ecke gedrängt, nach dem Motto, naja, ist ja nur eine Hure. Das gefällt mir nicht, das mag ich nicht. Und ich hab' dem das dann auch gesagt – wenn er mich irgendwann mal wiedersehen will, soll er sich was Anständiges anziehen. Denn wenn ich zu jemandem komme und selbst gut angezogen bin, dann erwarte ich das von meinem Gegenüber auch. Jogginghosen kann ich anhaben, wenn ich verheiratet bin. Es gibt halt auch Männer, die denken da überhaupt nicht dran, und wenn du sie drauf ansprichst, dann sagen sie, ja, du hast schon recht, irgendwie. Wenn er mir trotzdem sympathisch ist, dann bleib' ich schon, aber ich sag' ihm das eben, sonst komm' ich das nächste Mal auch im Jogginganzug.

Bei einem, da kam ich in die Wohnung rein, und da hab' ich gesehen, hier strotzt es vor Geld. Ich hab' noch nicht richtig hallo gesagt, da ist er schon über mich hergefallen. Der hat dann schon fast die Hände unterm Rock gehabt, und das war mir doch sehr unangenehm. Da fühl' ich mich dann auch so wie eine Hure behandelt – ich hab' ihm dann gesagt, mach mal langsam, ich will mich erst mal unterhalten mit dir. Wenn ich den schon gekannt hätte, dann wär' das okay, aber so beim ersten Mal – da will ich erst mal abchecken, wer ist der Mann, er könnt' ja auch bösartig sein, also erst mal so ein bissel schwätzen. Er hat es aber net lassen können und hat mir angeboten, auch bei ihm zu übernachten. Also – ich übernachte nicht bei Männern, und schon gar nicht bei denen, die ich zum ersten Mal treff', weil – solange ich wach bin, ist es okay, aber wenn ich schlafe, da bin ich nicht mehr bei allen Sinnen, das trau' ich mich nicht, da hab' ich dann Angst. Wenn ich schlaf', dann schlaf' ich, dann könnt' er ja alles machen. Jedenfalls hat er mich gefragt und mir auch tausendfünfhundert Mark angeboten, und das' hab ich dann verneint. Dann war er irgendwann bei zweitausend Mark – aber der hat mir einfach das Gefühl gegeben, naja, das ist 'ne Frau, die macht's für Geld, wenn ich da ein bissel hochgeh', dann macht die das. Aber ich hab's dann letztendlich nicht gemacht.

Manchmal denk' ich, es gibt keine treuen Männer mehr. Das macht mir angst. Und Angst ist auch immer ein bissel dabei, wenn ich mit jemandem ins Hotel geh', weil – mir kann wirklich alles passieren. Natürlich lass' ich mir das nicht anmerken.

Frei bin ich nicht gerade aufgewachsen, meine Mutter hat immer gesagt, Selbstbefriedigung, das macht man nicht. Und in den Momenten, wo ich meine Mutter mal gebraucht hab', war sie für mich nicht da. Da kamen dann nur blöde Sprüche rüber. Ich hab' mich selbst frei gemacht. Huresein hat auch irgendwie einen Kick, tagsüber das brave Schulmädchen, und dann schlüpf ich in eine andere Rolle. Aber Männer sollten schon ein bissel mehr auf die

Frauen eingehen. Wenn ich den Männern ihre Träume sag', dann fragen die: »Woher weißt du das«? Dann sag' ich: »Deine Träume sind meist auch die Träume einer Frau, ihr lebt sie nur nicht aus, weil ihr nie drüber sprecht.« Dann denken sie nach und geben mir recht. »Mußt einfach mal den Anfang machen, mit irgendwas, wo du denkst, das ist doch nicht normal. Aber einfach mal drüber sprechen. Da wird die Frau auch lockerer, freier, und dann hat sie bestimmt auch ein erfüllteres Sexualleben.« Und dann meinen die Männer oft: »Ja, stimmt, da hast du recht.«

Ich denke, wenn ein Mann fremdgeht, dann ist das meistens untenrum gesteuert, und wenn eine Frau fremdgeht, dann hat das meistens irgendwas zu bedeuten. Der geringere Teil geht nur wegen Geilheit mit einem Mann ins Bett. Frauen sind ja eigentlich mehr auf Partnerschaft eingestellt. Das ist meine Meinung. Eine Frau denkt sich was dabei. Bei Männern ist es nur die Geilheit, die wollen nur ihren körperlichen Spaß. Die Pärchen, die länger zusammen sind, sollten einfach offener reden. Mein Partner würde, wenn er mich fragt, immer mehr erfahren in der Sexualität. Ich war mal fünf Jahre mit einem zusammen, und den hat es eigentlich nicht so interessiert. Aber deswegen geb' ich noch lange nicht auf, wenn ich mal wieder einen Partner hab'.

Mittlerweile überleg' ich sogar, ob ich nicht auf die Frauenliebe umschwenken soll. Eigentlich hab' ich keine bisexuelle Ader – also, zumindest wußt' ich die ganze Zeit nichts davon. Aber ich hab' da eine Frau nach einem erotischen Mail-Wechsel getroffen, sie war sehr zurückhaltend, aber ich dachte, jetzt sind wir hier, jetzt packen wir's, obwohl es mir in den Mails zunächst anders herum schien, war es am Ende so, daß ich sie gepackt hab'. Sie hat mich ganz entgeistert angeguckt, aber ich meinte nur, jetzt tun wir schon seit Monaten hin- und hermailen, und jetzt sitzt du da wie ein braves Hühnchen. Aber wenn ich mir irgendwas vornehm', dann mach' ich das auch, und wenn es mir noch so schwerfällt. Ja, da hab' ich also meine erste Erfahrung mit einer Frau gemacht. War nicht schlecht! Vielleicht werd' ich das jetzt öfter machen.

»Ich möchte diese Zeit nicht missen.«

Dorothee (42, Masseurin und Künstlerin)

Um verstehen zu können, wie es dazu kam, daß ich mich als Hure versucht habe, hole ich etwas weiter aus. Aufgewachsen bin ich in einer mittelgroßen Stadt in einem Sozialwohnungsviertel. In einem Viertel, in dem es auch nicht ungefährlich war, denn ich wurde in meiner Teeniezeit auch manchmal im Dunkeln verfolgt, nachts, wenn ich mit dem letzten Bus nach Hause kam. Ich hatte da so meine Schleichwege, damit mich niemand finden konnte, und das waren alles Sachen, die hab' ich vor meiner Mutter verheimlicht. Ich bin Einzelkind, mein Vater ist relativ früh gestorben, als ich dreizehn war. Und meine Mutter hatte dann auch keine Autorität mehr über mich. Ich hab' sie nicht ernst genommen, weil sie mir auf meine Fragen keine befriedigenden Antworten geben konnte, vor allem auch nicht im Bereich von Sex. Meine Aufklärung geschah durch das »Bravo«-Magazin, also, wie Kinder zustande kamen, das wußte ich schon. Dann hab' ich halt ein ziemlich freies Leben geführt ab dreizehn. Und war sexuell auch ziemlich neugierig und lustvoll, wußte allerdings nicht, wie das geht. Ich war in einer Jungsclique, die alle so drei, vier Jahre älter waren als ich. Es kam aber nie zum Sex, weil ich einfach zu verkrampft war. Aber von meiner äußeren Erscheinung her war ich das begehrteste Mädchen weit und breit. Das hat mich aber auch ziemlich einsam sein lassen in dieser Zeit, weil mein Selbstbewußtsein viel zu gering war und ich mit dieser Wirkung nicht umgehen konnte. Das war die schlimmste Zeit in meinem Leben, zwischen fünfzehn und achtzehn. Ich habe eine Lehre gemacht, ohne recht zu wissen, was ich beruflich machen will, und erst als ich die beendet hatte, wurde es dann besser. Kauffrau im Groß- und Einzelhandel habe ich gelernt, da war ich auch nahezu immer in einer reinen Männergesellschaft. Die haben mich auch immer wieder angemacht, angefaßt und abgeknutscht, und da hab' ich schon gemerkt, daß mir die Männer im Lager, die direkt sind, lieber waren als die Schleimer oben im Büro, die dann obszöne Telefonate losgelassen haben. Im Lager hab' ich mich irgendwie wohler gefühlt, obwohl die richtig handgreiflich wurden. Es kam nicht zu einer Vergewaltigung, und das hat mich alles nicht so geschreckt wie dieses Hintenrum-Schleimige. Und da hab' ich schon sehr schnell gemerkt, wo es lang geht in der Männerwelt, daß ich mich da auf jeden Fall gut schützen muß. Ich hatte auch mein Schönheitsideal, das war damals Robert Plant, der Sänger von *Led Zeppelin*, da hatte ich dann eine ganze Reihe Freunde mit langen blonden Locken. Ich bin auf Äußerlichkeiten total abgefahren. Später war es Frank Zappa, da waren es dann eher die Dunkelhaarigen, möglichst noch mit großen Nasen. Auf jeden Fall hatte ich da noch wenig Ahnung, wie das alles so läuft mit Männern und Liebe. Meinen ersten Orgasmus hatte ich erst mit neunzehn. Da hat mich ein Freund, mit dem ich eine längere Beziehung hatte, quasi so richtig eingeführt. Das erste Mal Sex hatte ich aber mit sechzehn. Mein Jungfernhäutchen hatte ich mir selber durchstoßen, ich wollte nicht, daß ein Mann merkt, daß er der erste ist.

Das mit dem Freund ging ein Jahr ganz toll, da hatten wir auch richtige sexuelle Höhenflüge, aber dann hat der mich nicht mehr interessiert. Also, wir waren noch zwei Jahre zusammen, und das war dann aber richtig dramatisch. Und da fing es auch an, daß ich mit anderen Männern zusammenkam. Wir waren damals so Anfang zwanzig. Ich bin von da an richtig auf eine Art Experimentierreise gegangen. Ich wollte immer mit vielen Männern zusammensein. Ich hatte immer vier gleichzeitig und immer noch einen fünften in petto. Irgendwie hat mir das einfach entsprochen. Ich hab' immer die bedauert, die sich auf einen festgelegt haben und feste Beziehungen eingegangen sind oder sogar schwanger wurden. Also, damit konnte ich überhaupt nichts anfangen. Und ich hab' auch nie verstanden, warum ich mich für einen Mann entscheiden soll. Ich hab' auch nie irgendwas verheimlicht vor den Jungs. Letztendlich hab' ich die natürlich alle verloren, weil die dann eine Frau gefunden haben, die sie allein für sich hatten. Da war ich auch immer ganz unglücklich. Aber ich bin trotzdem von diesem Weg nicht abgewichen. Ich hab' dann eine spirituelle Gemeinschaft gefunden, die sich mit freier Liebe beschäftigt hat und in der es erlaubt war, mit vielen Männern zusammenzusein. Da hab' ich gedacht, ich bin im Paradies, wunderbar, und hab' dann auch keine Chance ausgelassen.

Ich hab' dann meinen Beruf aufgegeben und hab' angefangen, Kunst zu studieren. Da war ich natürlich auch in einem schönen »Biotop« von Frauen und Männern, und es war für mich eine gute Zeit. Ich hab' damals total viel gearbeitet, auf dem Bau, und hatte ein richtiges körperliches Erwachen zu der Zeit, ich hatte unheimlich viel Kraft und wußte nicht, wohin damit. Hab' allerdings damals auch viel Alkohol getrunken. Das kommt ja alles immer zusammen. Ich hab' auch ziemlich viel gekifft in der Zeit. Diese Phase hat aber nur drei Jahre gedauert, dann hatte sich das auch erledigt. Für mich war es, als ich in einem Künstlerwohnheim gewohnt habe, ganz normal, daß ich mal eine Nacht bei dem und die nächste Nacht bei einem anderen war. Nie hat mir jemand Vorschriften gemacht. Und von daher war ich eben einfach ziemlich frei. Ich bin auch nicht kirchlich erzogen worden, und mein Vater war Atheist, der war ganz empört, als ich mich hab' konfirmieren lassen.

Es gab bei mir einen stark ausgeprägten Exibitionismus, ich hab' mich einfach gerne nackt gezeigt. Und in das Hurengewerbe bin ich über Striptease-Tanzen hineingekommen. Da war ich vierundzwanzig. Das fing in der Schweiz an. Ich war immer von dieser Rotlichtwelt total fasziniert, denn ich dachte, da ist eine größere Einlösung an Sehnsüchten möglich, Spiel, Kontakt, und es geht alles ganz einfach, also, ich hatte da eine sehr naive und idealisierte Vorstellung. Und ich fand's toll, immer in diesen Kleidern herumzulaufen. Ich wollte diesem ganzen Nachtleben einfach auf den Grund gehen. Da war ich dann mal in so einem Striptease-Lokal und dachte mir, das kann ich auch. Es gab natürlich ganz schnell eine Ernüchterung, wo ich gemerkt hab', daß das alles eine Scheinwelt ist. Es werden Bedürfnisse erzeugt, und eine richtige Einlösung gibt es nicht. Und da ich wenig Bewußtsein hatte von Weiblichkeit und wie ich als Frau wirke, hab' ich da eine harte Schule durchlaufen. Denn ich war auf mich gestellt und hatte keine menschliche Begleitung in der Zeit. Ich hab' damals in einer Wohngemeinschaft gelebt, und für die war ich dann nicht mehr tragbar, weil sie mich gar nicht mehr auffangen konnten, denn das hat mich total aufgewühlt, was dann da passiert ist, als ich auch mit Männern Sex für Geld hatte. Ich wußte gar nicht, daß das eigentliche Geldverdienen auf der Schiene abläuft und nicht nur übers Tanzen. Als ich dann gemerkt habe, wie der Hase läuft, war ich erst mal völlig fasziniert, wieviel Geld in wie kurzer Zeit ich verdienen konnte. Das war erst mal unglaublich für mich. Ich habe das dann ein Jahr lang gemacht, einen Monat gearbeitet und einen Monat lang verreist, und dann hatte sich das auch erledigt, weil es keinen Reiz mehr hatte. Ich wollte das Huresein freier gestalten und war dann bei einer Agentur in der Schweiz. Das fand ich auch eine Zeitlang ganz toll.

Das Geld war für mich beim Hurenjob immer eine Art Gegenleistung für das, was ich gegeben habe. Ich empfand das als einen angemessenen Energieausgleich. Ich habe da auch vielfältige Rollen ausgelebt, aber im Laufe der Zeit ließ die Lust immer mehr nach. So vertrauensvoll konnte ich mich ja auch da nicht ausleben, also das, was ich geliebt habe, zum Beispiel Küssen oder solche Sachen, das war ja tabuisiert, das konnte ich nicht machen. Oder ich bin auch mit Männern im Bett gewesen, die mir nicht gefallen haben. Oder die betrunken waren oder sonstwas. Es gab da oft Situationen, wo ich hätte nein sagen müssen. Da hab' ich mich auch vom Geld blenden lassen. Und wenn man schon ein paar Stunden mit dem Auto durch die Schweiz gefahren ist und schon ziemlich viel investiert hat, dann zu sagen, nein, das läuft jetzt nicht, das wäre schon konsequent gewesen, aber das hätte ich nicht fertiggebracht.

Und es hätte auch mit der Agentur Ärger gegeben, denn das waren ja zum Teil auch Stammkunden. Es gab da schon eine gewisse Auswahl, die hatten auch eine schwarze Liste, aber ich selbst hatte keinen Einfluß darauf. Dafür gab es dann auch immer wieder schöne Erfahrungen, wenn ein echter Kontakt zustande kam. Besonders an einen kann ich mich erinnern, das war eigentlich eine richtige Liebesbegegnung.

In der Zeit hatte ich mal ein Gewalterlebnis, bei dem ich eine ganze Nacht mit einer Pistole bedroht wurde. Und das hat dem Agenturfahren ein Ende gesetzt, auch wenn ich glimpflich davongekommen bin. Das war einer, der hatte wohl schon drei Frauen umgebracht, nach dem wurde auch in mehreren Ländern gefahndet. Ich hatte es in der Situation irgendwie geschafft, keine Angst zu haben. Ich hatte mich innerlich ganz schnell entschieden, daß es glasklar ist, daß das nicht mein Ende ist. »Du kommst hier lebend wieder heraus«, war mein Gedanke. Und von daher hatte ich ganz klare Impulse, was ich zu tun hatte. »Geh auf Nummer sicher, hau dem jetzt nicht noch eine Flasche über den Kopf, daß du ihn dann am Ende noch verletzt, versuche, einen vertrauensvollen Kontakt herzustellen, und sieh zu, daß du immer gegenteilig reagierst, wie er es erwartet.« Das war so meine Strategie. Es hat dann acht Stunden gedauert, und irgendwann konnte ich nicht mehr. Da war ich dann am Ende meiner Kräfte, hab' ihn an den Schultern gepackt und geschüttelt und gesagt: »Und jetzt laß mich gehen!« Das hat auch funktioniert. Als ich dann unten auf der Straße war, hab' ich natürlich gezittert wie Espenlaub. Mir wurde später klar, durch Streß, den ich damals in einer Beziehung hatte, habe ich ganz viele Warnsignale übersehen: Die Art, wie der sich am Telefon gegeben hatte, daß er von sich aus gesagt hatte, ich zahle mehr, da hätt ich wach sein und merken müssen, da stimmt was nicht. Normalerweise hatte ich auch meinen Fahrer dabei, der hatte aber an dem Abend was anderes vor, es war auch nicht weit und so weiter.

Zur Zeit des Agenturfahrens habe ich das mit dem Huresein nur nebenbei gemacht, quasi als Hobby. Ich hatte mit meinem damaligen Lebenspartner einen Crêpe-Wagen, also wir haben bretonische Galettes gemacht und sind damit auf Märkte gefahren. Galettes sind Pfannkuchen aus Buchweizenmehl und Wasser. Das schmeckt auch viel pikanter und besser als dieser Eierteig, nicht so labberig, ist aber noch mal eine höhere Kunst, weil man mit viel mehr Hitze arbeitet. Mir war immer wichtig, daß ich zum Geldverdienen nicht die ganze Woche aufwenden muß. So hab' ich dann am Wochenende gearbeitet, und dann hatten wir die Woche über frei. Außerdem hab' ich über mehrere Jahre in der Sommersaison in einem Strandbad gearbeitet. Und bin dann je nach Wetterlage immer wieder dahin gefahren. Da hab' ich im Kiosk mitgearbeitet, und das habe ich auch sehr geliebt. Ich war achtundzwanzig, hatte dann auch mit Jungs zu tun, die viel jünger waren, so siebzehn, achtzehn, und da war ich dann auch mit zwei Jungs zusammen, für die war es das erste Mal. Ich bin natürlich ziemlich aufgefallen in diesem Strandbad. Es gab dann auch immer wieder ein ziemliches Chaos, weil ich nicht souverän damit umgehen konnte, wenn ich mit mehreren zu tun hatte, die nicht richtig wußten, was los ist, und wo der eine vom anderen nichts wußte und so weiter. Ich hab' mich da auch nicht groß drum gekümmert. Was aber bei allen Eskapaden auf der Strecke blieb, war, daß mein Herz nicht mitkam. Das waren ganz viel »Übersprungshandlungen«, also, wenn ich einen sexuellen Kontakt eingehe und nicht wirklich mit meinem Herzen verbunden bin, weil es mit ganz anderem zu tun hatte, also mit Anerkennung oder damit, daß mir nichts anderes einfällt als Sex, wo das dann der naheliegende Kontakt ist und sich das als Schema quasi verselbständigt hat. Ich war dann auch nicht wirklich mit mir verbunden, mit dem, was ich eigentlich will. Ich hab' dann einfach was gemacht, wo ich dachte, das wird jetzt von mir erwartet. Das ging oft auch viel zu schnell. Es hätte erst mal eine Phase der Annäherung gebraucht. Ich wußte das aber auch damals nicht besser, mein Repertoire an Kommunikation war nun mal nicht größer. Es war die einfachste Form, Anerkennung zu kriegen. Und ich hatte natürlich auch meine Highlights und immer wieder auch tollen Sex und schöne Begegnungen, die mich auch berührt haben. Aber wie ich zu Kontinuität komme und wie dauerhafte Partnerschaft funktioniert, da hatte ich zu der Zeit noch gar keine Ahnung. Das war immer alles sehr leidenschaftlich, mit Hochs und Tiefs und so weiter. Ich war damals immer wieder in dieser spirituellen Gemeinschaft und bin auch wieder rausgegangen. Immer so im Wechsel. Ich hab' aber immer mit einem Lebenspartner zusammengelebt und auch noch mit anderen in Wohngemeinschaften. Richtig allein hab' ich noch nie gelebt. Und es waren immer auch Kinder dabei.

In Deutschland hab' ich dann nach dem Agenturfahren immer mal ein- bis zweimal im Jahr in Clubs gearbeitet, in verschiedenen Städten. Ich hab' mir dann immer eine Stadt herausgesucht, die ich noch nicht kannte. Meistens hab' ich das innerhalb von einem Tag klargemacht. Ja, und da hatte ich dann immer wieder ganz schöne Begegnungen. Aber es gab dann immer wieder Probleme mit den anderen Frauen, denn die Art des Kontaktes, wie ich ihn hatte, hat bei denen so viel Neid und Sehnsucht ausgelöst, daß ich dem nicht wirklich nachgehen konnte. Ich selbst war nie wirklich Profi, die anderen Frauen haben mich immer als »Hobbynutte« beschimpft. Die hatten auch fast alle Zuhälter und haben das auch wirklich fast jeden Tag gemacht. Die meisten haben sehr jung angefangen, also manchmal schon mit sechzehn, und das hat mich sehr von denen unterschieden. Und es waren oft Frauen dabei, die waren sehr hart, von ihrem Herzen ist da nicht mehr viel rübergekommen. Und – die hatten viel mehr Erfolg im Business. Es wird eben gar nicht erwartet, wenn ein Mann in den Puff geht, daß es zum echten Kontakt kommt. Sondern das, was er mitbringt an Phantasien, das will der ausleben. An dem Punkt will er bedient werden. Und da war ich manchmal richtig entsetzt und saß einfach zwischen den Stühlen. Und in dem Wissen, wie man dem Mann das Geld aus der Tasche zieht und wie man ihn einwickelt, da hatten die mir einiges voraus. Dieser Konflikt ließ sich für mich nie überbrücken. Auch daß ich keinen Zuhälter hatte, war schon sehr seltsam für die Frauen, die immer gesagt haben »mein Mann«, wenn's ihr Zuhälter war, und die ihnen das ganze Geld abgegeben haben. Die Männer haben zu Hause gehockt und selbst gar nicht gearbeitet. Und das war in der Szene der nobelsten Nachtclubs verbreitet. Um die Zuhälter hab' ich immer einen Bogen gemacht, die hab' ich schon von weitem erkannt. Aber ich hatte dafür immer wieder Spaß mit den Männern, wo es dann richtig humorvoll wurde oder wo ich auch im Vorfeld total schöne Gespräche hatte. Das waren richtig schöne Abende, die man zusammen verbracht hat. Auch manchmal mit einer Männerclique. Ich konnte das auch gar nicht lassen, ich wollte das immer wieder machen. Diese Art von Geselligkeit, die hat mir woanders dann gefehlt. Und die Finanzwelt war auch interessant, vor allem damals, als ich im Nachtclub gearbeitet hab', das waren sehr gute und teure Nachtclubs. Da konnte ich dieser Welt mal richtig auf den Grund gehen. Was steckt eigentlich dahinter bei denen, die so viel Geld ausgeben und an einem Abend mal zwanzigtausend Mark so eben hinblättern. Was sind das für Menschen? Und da hab' ich oft auch gemerkt, das sind welche, denen es im Grunde langweilig ist. Die wußten mit dem Geld nichts Besseres anzufangen, als Champagner in der Gegend herumzuspritzen. Das fand ich dann aber auch erbärmlich. Ich habe viele Prominente kennengelernt, aus der Sportwelt, der Industrie oder dem Adel. Die fand ich alle dekadent ohne Ende. Oder auch mal arabische Prinzen, wie man sie sich vorstellt, die dann mit einer ganzen Garde gekommen sind, im langen Mercedes, und die haben eine ganze Hoteletage gemietet. Einer war voll auf Koks und hatte seine Bodyguards, die ihn dann ausgezogen haben. Ziemlich seltsam, also – das gibt's tatsächlich!

Dieses Leben hab' ich über zehn Jahre geführt. Mit vierundzwanzig hatte ich mit dem Striptease angefangen, und aufgehört mit dem allen hab' ich mit vierunddreißig. Jetzt bin ich zweiundvierzig. In dem letzten Nachtclub hab' ich einmal sechs Wochen am Stück gearbeitet, und da war dann das Faß übergelaufen. Das war zu lang. Ich war ziemlich ruiniert nach dieser Zeit, also auch von dem Schlafmangel und immer die Nacht durchmachen. Da hab' ich gemerkt, es ist einfach vorbei. Ich möchte diesen Job so nicht mehr machen. Ich möchte ganz selbstbestimmt bleiben, und da war für mich auch klar, ich möchte für Sex kein Geld mehr nehmen. Das hat für mich von da an nicht mehr gestimmt.

Die Partner, die ich während dieser Zeit hatte, haben das auch akzeptiert, ich hatte ja auch nur solche. Ich hab' das nie verheimlicht und es immer offen erzählt. Das war für mich nichts Dunkles, was ich gemacht habe. Zum Teil hatten die Männer Schwierigkeiten, und das hat sich dann an solchen Sachen wie, ob ich mich infizieren könnte oder ein Kondom nehme, festgemacht. Obwohl eigentlich klar war, daß ich ungeschützt sowieso nichts unternehme.

Eigentlich hab' ich immer mehrere Sachen parallel gemacht – die Kunst, die aber mehr zum Hobby wurde, das Crêpe-Herstellen, das war so das Eigentliche, den Hurenjob, und ich war von daher immer in ganz verschiedenen Lebensumständen verankert. Ich hab' dann auch mal in einem kleinen Dorf gelebt und hatte da auch meinen Heimatplatz in meiner Wohngemeinschaft, und Hure zu sein waren dann immer Ausflüge in die andere Welt.

Später war ich in verschiedenen Frauengruppen und hab' dann auch tantrische Massagen kennengelernt. Und auch Rituale, wie wir Frauen uns gegenseitig heilen und in eine Art Schwesternschaft miteinander kommen können, wo es um Solidarität und nicht mehr um Konkurrenz in der Liebe geht. Das war für mich eigentlich fast noch mal eine Art Initiation. Wo wir uns gegenseitig in unserem Frausein, in unserer Weiblichkeit geehrt und geachtet haben. Das war für mich eine ganz wichtige Zeit, wo sich für mich sehr viel verändert hat im Verhältnis zu meinen Geschlechtsgenossinnen. Und das hat dann auch mein Verhältnis zu den Männern verändert. Der Mann hatte von da an nicht mehr die Bedeutung, daß er mir alles erfüllen muß, was ich mir wünsche, weder im Bett noch in der Zeit, die man gemeinsam verbringt oder wofür immer ein Mann für mich herhalten mußte. Das hat mein Verhältnis zu Männern entspannt und meine Sexualität enorm bereichert. Ich bin tiefer in die Körperarbeit hineingekommen, also, was es heißt, sich mit dem

Körper auch auf der Ebene zu begegnen – im Rahmen von Sessions. Also, ich bin nicht lesbisch geworden, aber ich kann Frauen jetzt intim berühren, was ich vorher nicht konnte, aber in einem rituellen, klaren Rahmen. Ich bin dann ganz klar die Gebende oder die Empfangende. Dadurch, daß ich andere Frauen so erlebt habe, hab' ich auch viel über mich erfahren. Mein Verhältnis zu Männern ist sehr friedlich und freundschaftlich. Das ist nicht mehr so an Sex gekoppelt. Ich habe eher weniger Sex mit wenigen Männern, also eigentlich hauptsächlich nur mit einem und hab' mich sehr verlangsamt in der Annäherung an Männer. Ich überleg' erst mal, und wenn es dann sexuell wird, dann muß es auch von beiden Seiten her stimmen. Ich mag kein Drama in der Liebe, und das hab' ich auch nicht mehr. Das hat sich jetzt tatsächlich erledigt, und ich bin seit achteinhalb Jahren mit einem Mann zusammen, da hat sich auch viel geheilt. Wir führen beide ein ganz freies Leben und begleiten uns und sind füreinander die besten Freunde.

Ich biete jetzt Massagen an, für Frauen und für Männer. Mein Ansatz ist mehr therapeutisch als sexuell. Ich arbeite mit der sexuellen Energie, um sie in Fluß zu bringen und die Menschen in einen heilenden Prozeß zu bringen. So würde ich das am ehesten bezeichnen. Es geht nicht darum, pornographische Phantasien zu erfüllen. Sondern es geht ganz klar um dieses »in Fluß kommen«.

Was die Hurenzeit betrifft – wenn ich es nicht gemacht hätte, dann würde es mir heute noch nachhängen als unerfüllte Sehnsucht. Ich habe sehr viel gelernt und bin dem, was ich wissen wollte, auf den Grund gegangen. Das war das Entscheidende. Ich bin vielleicht etwas über das, was mir gutgetan hat, hinausgegangen. Aber an und für sich möchte ich diese Zeit nicht missen. Ich hab' das freiwillig gemacht, hab' das selbst gewählt und hatte eben schöne und nicht so schöne Erlebnisse. Und ich hab' eben sehr viel über Männer gelernt, es war sehr lehrreich. Aber jetzt würde ich das auf keinen Fall wieder machen.

Ich fände es schön, wenn Prostitution sich so verbessern würde, indem die Frauen, die das anbieten, auch ein sinnlich-erotisches

Wissen haben, was sie an Männer weitergeben können oder wo der Mann der »Göttin in der Frau« begegnen kann. Wo man gleichsam in einen Tempel eintaucht, so wie es das früher einmal gab, wo die Männer eine Initiation erfahren haben bei gelehrten und wissenden Frauen. Auf so einer tieferen Ebene könnte ich vielleicht noch mal eintauchen, innerhalb eines ganzen Szenarios, wo es nicht nur zwischen mir und dem Mann abläuft, sondern wo ganz viele verschiedene Archetypen vertreten sind. Und je nachdem wo es paßt, geht der Mann dann hin. Und es geht dann immer auch um Heilung. Oder auch um eine Verbindung zwischen Mann und Frau.

Frauen, die das machen wollen, würde ich raten, sich immer mit einer erfahrenen, wissenden Frau zusammenzutun, und sie sollten in der ersten Zeit eine Begleitung haben. Also eine Frau, die vielleicht möglichst so ein Etablissement führt und ihr eine Art Schutzraum gibt. Sie sollten es auf keinen Fall allein machen und auch sehr genau überprüfen, was ihre Motivation ist, es zu tun. Also, wenn es nur darum geht, das schnelle Geld zu verdienen, das ist auf jeden Fall ein Trugschluß, das ist eher schädlich. Denn dann sind sie nicht wirklich dabei und engagiert. Den eigenen Körper zur Verfügung zu stellen, das muß man auch wirklich wollen. Nur wenn diese Bewußtheit da ist, dann ist es für die Frau und den Mann, der diese Leistung erhält, auch gut.

»Ich möchte mich im Ganzen verkaufen, mit meiner ganzen Art.«

Beate (36, Produktmanagerin)

Ich bin 36 und Produktmanagerin. Ich entwickle also Produkte für Kinder und vermarkte sie. Der Beruf ist schon relativ stressig, so daß ich für die Hobbyhurengeschichte eigentlich einen neuen Zeitplan erfinden müßte. Denn für die Dates, die ich in der Woche mache, muß ich doch etwas früher nach Hause gehen als sonst. Ich habe sonst öfter bis acht, halb neun abends gearbeitet. Ich habe auch viele Freunde und »meinen Mann«, den nenn' ich so, obwohl ich nicht verheiratet bin, weil – das ist er halt, obwohl er nicht bei mir lebt. Meine Freunde müssen schon gute Freunde sein, denn die müssen auch ertragen können, daß sie mal monatelang nichts von mir hören.

Vor drei Jahren bin ich mal in einem Internet-Chat gewesen, da war ich noch mit einem anderen Mann verheiratet, der hatte wenig Zeit für mich, und es hat ihn auch nicht gestört, wenn ich mich mit anderen Männern verabredet habe. Und da bin ich auf einen Typ gestoßen, der voll darauf steht, zu Nutten zu gehen, also auch auf die Vorstellung, mit einer Frau zusammen zu sein, die am Tag mehrere Männer hat. Und der meinte dann, ja, das ist doch toll, und du hast doch Spaß daran, warum nimmst du nicht Geld dafür? Aber da hab' ich gesagt, nee, kommt gar nicht in Frage! Mach' ich nicht, will ich nicht. Er wollte das dann auch alles managen, aber ich hatte damals keine Lust darauf. Er hat dann kurz darauf eine Frau gefunden, die das gemacht hat, und die sind auch heute noch zusammen.

Anfang des Jahres bin ich umgezogen, hab' einen neuen Fußboden gelegt und mir eine Küche gekauft, immer in der Annahme, daß mein Ex-Mann mir einen Teil seiner Schulden zurückbezahlt, was er zugesagt hatte. Das hat er aber nicht gemacht, und nun saß ich da und wußte nicht, wie ich den ganzen Scheiß bezahlen sollte. Mein jetziger Mann und ich – wir waren zusammen unterwegs in Swingerclubs und haben uns auch privat mit Leuten getroffen, und da kam ich dann doch auf die Idee und dachte mir, mein Gott, warum nehm' ich eigentlich nicht Geld dafür? Ich bezahl' damit meine Schulden und meine Küche und hab' praktisch den gleichen Spaß. Das wäre eine schöne Verbindung von angenehm und nützlich. Also irgendwie in einer Kneipe oder als Putzfrau zu jobben find' ich schon viel anstrengender. Und ich hab' auch gar nicht eingesehen, daß ich für die Schulden meines Ex-Manns auch noch arbeiten gehe. Dagegen habe ich mir das mit der Hobbyhure ziemlich nett vorgestellt. Anfangs hab' ich mir gedacht, nur Hotelbesuche und nie die Männer in die eigene Wohnung lassen, aber das hat sich um hundertachtzig Grad gedreht. Jetzt mach' ich es nur noch zu Hause, weil das viel streßloser ist. Hier hab' ich zu sagen, hier fühl' ich mich sicher. Wenn einer mir nicht paßt, dann schmeiß ich ihn raus, das hab' ich aber noch nie machen müssen, und ich muß nirgend woanders hingehen. Das Risiko, wenn ich woanders hingehe, erscheint mir doch erheblich höher. Mein Mann ist immer in der Wohnung. Er ist nicht immer dabei oder guckt zu, aber er ist abrufbar im Nachbarzimmer. Da besteht er auch drauf, denn wir haben das gemeinsam ausgeheckt, und er fühlt sich sonst ausgeschlossen. Eigentlich war das alles eine leichte Entscheidung. Schwer war eher, den Einstieg zu finden, wie stell' ich das überhaupt an. Wie finde ich Männer, die dann auch kommen, geb' ich eine Anzeige auf oder wie? Dann hab' ich den Bekannten von damals angerufen und ihn gefragt, wie man das so macht. Der hat mir ein Internetforum empfohlen, da hab' ich mich dann bekannt gemacht, und es kamen dadurch auch ein paar Männer zu mir. Aber ich fand das ziemlich doof da, es war auch nicht viel los, und die Leute, die mailen, naja, das sind halt meistens Spinner. Die wollen nicht wirklich einen Termin machen, die wollen chatten und mailen und all so 'n Mist, da hab' ich überhaupt keine Zeit für, und da verdien' ich auch nichts mit. Und dann haben mich auch noch ehemalige Bekannte in dem Forum entdeckt, die mich von woanders her kannten – und da schickten die mir dann eine Privatnachricht, was das denn jetzt soll. Ich war völlig entsetzt und hab' mich dann ganz schnell da abgemeldet. Über Suchmaschinen hab' ich dann schließlich ein einschlägiges anderes Forum gefunden, und da ist es auch ganz nett. Ich finde es ganz schön da, mit den Leuten zu reden, die wenigsten kommen ja auch mal zu mir, sondern meist über ein anderes Forum, in dem ich auch noch bin. Dann hab' ich eine Homepage erstellt bei einem amerikanischen Provider. Das darf man da eigentlich gar nicht, denn das ist ja ein »unmoralischer Inhalt«. Manchmal löschen die die Seiten, aber jetzt sind wieder viele Hobbyhuren drin, das geht immer so hin und her. Inzwischen hab' ich gar keine Lust mehr, Werbung zu machen, weil ich schon viel mehr Termine mache, als ich eigentlich wollte. Aber ich habe jetzt einen neuen Text erstellt, und ich mache maximal drei Termine pro Woche – und das war's dann. Da bin ich die nächsten vier Wochen schon ausgebucht. Jetzt habe ich gelernt auszusortieren, wer vernünftig ist und sich wirklich treffen oder wer einfach nur herummailen will, und die bügel ich dann auch ziemlich schnell ab.

Daß mein Partner immer da ist, ist auch ein zusätzlicher Streßfaktor, weil ihm dann auch drei Abende fehlen, an denen er sonst bei sich zu Hause arbeiten könnte, er arbeitet nämlich vorwiegend abends. Aber das haben wir ganz gut hingekriegt, und die Wochenenden halten wir uns weitgehend frei. Ich mach' also Montag, Mittwoch, Freitag einen Termin. Wirklich liebe Leute, die ich gut kenne, wo ich auch wirklich Vergnügen dran hab' und gerne möchte, daß die zu mir kommen, die schieb' ich dann auch mal am Wochenende ein, sonst würden die ja nie einen Termin kriegen. Mein Partner unterstützt mich, kann auch die Mails lesen, und ich erzähle ihm alles. Und das Geld war eben der Auslöser, also die Frage, wie komm' ich ganz schnell an Geld, und zwar nicht an wenig. Also, bei McDonald's bedienen – da kriegt man ja erheblich weniger dafür, und es ist erheblich anstrengender und unangenehmer. Inzwischen spielt das Geld, auch nachdem die Küche bezahlt ist, eine nicht ganz untergeordnete Rolle – also, wenn ich jetzt kein Geld mehr brauchen würde, dann würd' ich mich bestimmt nicht dreimal die Woche nach der Arbeit abends noch mit Leuten treffen. Aber ganz aufgeben würd' ich es wahrscheinlich auch nicht. Es ist eben einfach ein zusätzliches Einkommen, das man einfach so ohne nachzudenken ausgeben kann. Und das tu ich auch. Also – ich frag' mich, wo das immer hinkommt. Denn das ist relativ viel – essen gehen, Musical, Dessous kaufen. Ja, ich bin so ein Shopper. Wenn ich im Internet unterwegs bin – ich kaufe fast nur im Internet ein, weil ich keine Zeit habe, überall hinzulaufen, da kommt man ja auch von einem Link auf den nächsten, und irgendwie ist das alles ganz nett, was man da kriegen kann, da kommen dann die Pakete ins Haus.

Es macht mir auch sexuell sehr viel Spaß. Die meisten Männer wollen ja ganz normalen Sex. Früher habe ich mir eingebildet, Männer, die dafür bezahlen, die wollen was ganz Besonderes. Die wollen was haben, was sie zu Hause nicht kriegen. Irgendwas Ungewöhnliches ausprobieren. Nein, neunzig Prozent möchten ganz normalen Sex, wie zu Hause auch. Das wundert mich doch extrem. Und Männer haben auch wirklich ihren Spaß dran, wenn ich meinen Spaß habe, und das ist wirklich klasse! Da habe ich wirklich den ganzen Abend ein nettes sexuelles Erlebnis und krieg' auch noch Geld dafür. Das find' ich gut. Der Nachteil ist, daß nicht alle meinen Mann dabeihaben wollen. Manche haben das gern, und die sagen das auch, sie möchten zu dritt, und er soll dabeisein und so, dann ist es natürlich vollkommen wie privat. Da haben wir beide unseren Spaß und sind glücklich und kriegen trotzdem noch Geld dafür. Das ist immer das Schönste. Da haben sich auch schon mehrere Beziehungen entwickelt, wo ich dann die Leute auch mal privat irgendwo mit hingenommen hab'. Also, hier bei mir ist es immer für Geld, aber wenn wir einen dann mal mitnehmen in einen Swingerclub, dann machen wir das so, ohne daß er noch extra dafür bezahlen muß. Also, nur die wenigen, die sich so extrem hervorgetan haben und uns gut gefallen. Manchmal ist es auch anstrengend, wenn jemand zum Beispiel keinen hochkriegt, das frustriert einen dann ja auch. Oder manche kümmern sich auch mehr um sich selbst. Das macht mir aber nicht so viel aus, weil ich dann denk', naja, kriegst ja Geld dafür. Also, wenn ich mich privat mit jemandem treffen würde und nichts davon hab', dann würd' ich ihm das sagen. Aber in dem Fall zahlt er halt und – naja, gut.

Dieses Hobby gefällt mir, und meinem Mann gefällt es, wenn ich anderen Männern gefalle. Außerdem ist es für mich ein irres Machtgefühl, wenn die Männer mich besuchen. Die zahlen und tanzen doch nach meiner Pfeife. Ich bestimme, und die sind so klein mit Hut, selbst die, die in Foren und Mails den starken Mann markieren.

Aber es macht mir natürlich Spaß, wenn ich sozusagen einen guten Job mache. Also, ich mach tagsüber einen guten Job, und wenn ich einen Gast einlade, möchte ich auch einen guten Job machen. Und wenn der nach Hause geht und es hat ihm richtig gut gefallen, und er sagt das auch und kommt wieder, dann hab' ich das Gefühl, daß es gut war, und das gibt mir auch was. Ich gewöhne mir aber langsam ab, immer das Gefühl zu haben, ich muß gut sein. Also, wenn ich jemanden privat treff' und der zahlt nicht, dann möchte ich zwar auch, daß der das gut findet und ich ihm gefalle, aber ich hab' nicht so das Gefühl im Hinterkopf, jetzt muß es so sein, es ist jetzt dringend notwendig, weil er ja bezahlt hat. Hundert Euro sind auch nicht wenig, was die meisten zahlen, ich nehm' das zwar für eine Stunde, aber meistens wird's dann doch länger, das sind zweihundert Mark! Und dann soll er auch was dafür haben. Sonst kann er sich auch in der Kneipe eine aufreißen.

Es sind erstaunlich wenige verheiratet, und es sind erstaunlich viele jung und gut aussehend. Ich denke mal, wenn die keine Partnerin haben und sie gehen irgendwo in eine Kneipe und sprechen da eine Frau an – so locker sie sich auch gibt, aber nur einen One-

Night-Stand, das wollen die meisten ja dann doch nicht, wenn sie überhaupt mitgeht, und das kann man der ja auch nicht so genau vorher ansehen, so locker sie sich auch gibt. Und selbst wenn sie mitkommt, dann gibt's vielleicht doch Ärger, wenn sie sich verliebt und mehr erwartet hat und dann wochenlang noch anruft und was nicht noch alles. Aber wenn es wie bei mir von vornherein klar ist und er zahlt dafür, dann ist das kein Streß für ihn. So stell' ich mir das vor. Aber da müßte man die Männer vielleicht selbst fragen. Viele wissen es auch gar nicht so genau. Die sich in den Internetforen herumtreiben, die sind ja noch ganz anders drauf, für die ist es ja ein richtiges Hobby, das ist ja fast wie Kerben in einen Gewehrkolben schnitzen, also möglichst viele Frauen gehabt zu haben.

Aber wenn mir einer nicht gefällt, da kann er mir tausend Euro bieten, dann läuft nichts. Oder wenn ich Theaterkarten habe, da kann einer noch so viel bieten, dann geh' ich ins Theater. Und was mir überhaupt nicht gefällt, ist, wenn die anfangen, über ihre Frauen herzuziehen. Entweder ich unterbinde das gleich, und wenn der nicht aufhören will, dann kommt der auch nicht wieder. Wenn Männer sich beklagen, dann sollten sie mal überlegen, ob das nicht auch an ihnen liegt. Das ist immer eine Sache von zwei Leuten, und da steh' ich gar nicht drauf. Einen hab' ich mal »umgedreht«, der beklagte sich, er würde gern mal in einen Swingerclub gehen, und seine Frau wäre dafür nicht offen. Ich fragte ihn, woher er das denn weiß und ob er sie mal gefragt hat – nee, meinte er. Na, sagte ich, ganz vorsichtig mal herantasten. Ja und er ist jetzt anscheinend treu geworden. Das war ihm wohl zu viel, daß ich ihm so ins Gewissen geredet hab'. Ich finde aber, wer nicht fragt, kriegt auch keine Antwort. Und wenn er sich um seine Frau nicht kümmert, hat sie vielleicht auch keinen Bock mehr auf ihn. Ich würde aber andererseits auch nie einen Mann verraten, wenn die Frau sich bei mir meldet. Da würd' ich dann sagen, den kenn' ich gar nicht. Denn das find' ich auch unfair, das mach' ich nicht. Das ist seine Sache, das muß sein Gewissen belasten, da hab' ich nichts mit zu tun.

SM-Spiele reizen mich übrigens auch, aber nicht so, daß es richtig heftig wird. Also, daß da irgendwelche Spuren zu sehen sind und was nicht noch alles. Und wenn ich das hier mit Gästen mach', dann ist mein Mann immer im Raum mit dabei, besonders wenn ich irgendwo hilflos festgebunden bin. Ich bin aber nicht nur die Devote, ich bin manchmal auch ganz gern aktiv und dominant. Und das Schönste ist immer, wenn die Männer sagen, mein Mann soll dazukommen, und wir es dann zu dritt machen. Und natürlich, wenn ich auch meine Orgasmen krieg'. Es gibt ja erstaunlich viele Männer, die nur sexuelle Lust empfinden können, wenn sie merken, die Frau empfindet das auch. Das find' ich immer schön, wenn solche kommen. Und wenn der Typ geht und ist hochzufrieden, das find' ich richtig klasse! Und deshalb sag' ich auch soviel über mich auf meiner Homepage, damit die Leute, denen ich nicht gefallen würde, gar nicht erst kommen. Und ansonsten, ich blase gern, hab' es auch gern, wenn ich geleckt werde, und nur bei den Stellungen bin ich ganz langweilig, ich mag am liebsten die Missionarsstellung, weil man da dem anderen auch ins Gesicht gucken kann. Aber das sag ich nicht vorher, denn das wollen die meisten ja nicht. Und natürlich machen mir andere Stellungen auch Spaß.

Im übrigen hab ich festgestellt, daß so jede Szene ihre eigenen Spießigkeiten entwickelt. Wir sind in der SM-Szene aktiv, dann in der Swingerszene und jetzt mit diesen Hobbyhurensachen. Dann lernt man die Leute kennen, die regelmäßig zu Huren gehen – überall haben sie schon ihre eigene Moral entwickelt. In einem normalen Erotikforum, da hat mal eine Frau geschrieben, sie würde gern mal Geld dafür nehmen – wie die Leute da über sie hergefallen sind! Also du kannst machen, was du willst, aber sobald das gegen die persönliche Moral geht, da regen sich alle total auf! Und das gerade in Szenen, die sich ganz besonders frei geben. Die sind überhaupt nicht tolerant. Bei den Hurenforen regen sie sich immer auf, daß mein Mann dabei ist, daß er das gut und okay findet, das erzeugt auch immer mal Wellen, die dann hochschlagen. Das können manche eben überhaupt nicht begreifen. Einer hat sogar geschrieben, wenn seine Frau das machen würde, die würde er glatt erschießen! Aber er geht regelmäßig zu Nutten. Und wenn in der SM-Szene herauskommt, daß man auch in Swingerclubs geht – dann ist das ja auch schon mal ganz verkehrt, das paßt da ja gar nicht. Also jede Szene hat echt ihren eigenen Gartenzaun. Verhalten sich oft schlimmer, als die Nachbarn von nebenan. Deutsche Vereinsmeierei. Und die Moral wird immer eine Doppelmoral sein. Immer! Überall, wo diese Leute sich treffen, da ist immer eine komische Doppelmoral nach dem Motto, das, was ich mache, das ist moralisch okay, und was andere machen, das ist verkehrt. Und die Männer, die kommen zwar zu mir, aber wenn ihre Frau auch nur mal einen anderen angucken würde, dann würden die ausflippen. Und viele kommen ja auch nicht damit klar, daß eine Frau, die als Hobbyhure arbeitet, auch tatsächlich noch denken kann. Oder auch mal widerspricht im Forum.

Manchmal denk' ich darüber nach, was ich wohl mache, wenn mal Leute vom Job oder aus meinem Bekanntenkreis dahinterkommen, was ich hier tue. Das macht mir auch etwas angst. Ich bin auch noch in der Kirche aktiv, das wäre mir besonders unangenehm. Denn da wäre ich wirklich in Erklärungszwang. Da ist schon meine normale lockerere Einstellung auf Probleme gestoßen, und da frag' ich mich schon, wie dann dies erst wäre. Also, ich möchte da auch gar nichts erklären und begründen. Von daher weiß ich auch nicht, was ich sagen würde, wenn da mal einer käme. Ich glaube an Gott, und ich denk' mal, der kann ja nichts dafür, wie die Leute denken, die auch an ihn glauben. Also, in der Kirche fühl' ich mich nicht unbedingt heimisch. Aber das Gespräch mit anderen, die auch glauben, brauch' ich halt auch. Nur, was dieses Thema betrifft, ist es eben so, daß man da überhaupt nichts drüber sagen kann. Denn das sind da ja auch meine Freunde, und die würde ich nicht gern verlieren. Was ich alles sehr schade finde. Denn wenn ich sagen würde, was sagt ihr dazu, ich hab' neulich ein paar Steuern hinterzogen, dann versteht mich jeder und kann was dazu sagen. Finde ich nicht gut, würde ich nicht machen, ach, hab' ich auch schon mal gemacht, aber wenn ich sage, ich arbeite als Hobbyhure und weiß nicht, wie ich damit umgehen soll im Zusammenhang mit der Kirche, das kann ich nicht mal sagen! Das find' ich blöd. Weil – es ist ja auch ein Lebensbereich. Und in der Kirche ist es ja so, daß solche Sachen überhaupt nicht erwähnt werden. Deswegen passiert auch so viel Schlimmes. Junge Mädchen, die in kirchlichen Kreisen aufgewachsen sind und die nicht mal wissen, wie man verhütet, und schon haben sie mit sechzehn ein Kind. Ich habe auch schon für einen kirchlichen Träger Seminare für Jugendliche gemacht, und wenn die darauf kommen, was ich sonst noch tue, dann bin ich da raus.

Es gibt andererseits schon eine SM-Homepage für Christen, das find' ich sehr interessant, die hab' ich neulich entdeckt. Und es gibt wohl auch eine Kirche für Schwule, da kann man auch als »andersartig-sexuell-Abartiger« hingehen – das werde ich vielleicht mal machen. Vielleicht können die mich mal irgendwie integrieren. Zumindest kann man da über alles sprechen, denk' ich mal.

Jobmäßig habe ich weniger Angst, es wäre zwar ziemlich blöd, wenn mein Chef auf meine Seite stößt, aber da käme ich wohl grad noch mit klar. Die wissen schon, daß ich sexuell ziemlich locker bin, und machen auch ihre Sprüche deswegen, aber ich hatte noch keine Nachteile davon. Vielleicht – daß ich dann auch noch Geld dafür nehme, diese Steigerung wäre vielleicht ein Problem. Aber das wäre eins, das ich lösen könnte. Und wenn mich aus der Familie jemand im Internet finden würde, dann ist dem das viel zu peinlich, als daß er überhaupt was sagen würde.

Am ungewöhnlichsten finde ich ansonsten eigentlich, daß alles so gewöhnlich ist. Ich habe mir extra so eine PVC-Liege angeschafft, für Pinkelspiele, die kann man aufblasen, das ist auch so eine Variante, die wir seit neuestem erst entdeckt haben, und ich biete das jetzt auch an, aber das wollten bisher kaum Leute machen. Aber die meisten wollen eben echt nur den Geschlechtsverkehr, den sie überall haben können. Unangenehm war dann, als wir neulich mal Privatbesuch von einem befreundeten Paar hatten, mit dem wir die Matte eingeweiht hatten, und es war alles recht laut und schön. Mit einemmal hat es wahnsinnig Sturm geklingelt und wir dachten, die Nachbarn wollen sich beschweren. Und über die Gegensprechanlage sagte dann jemand, da wäre ja ein Puff, und wir sollten die Tür aufmachen. Er hat erst aufgehört, als wir gesagt haben, wir rufen gleich die Polizei oder eher, als er geglaubt hat, daß wir das ernst meinen. Und ich denke mal, das war einer, der mal einen Termin gemacht und meine Adresse gekriegt hat, aber nicht gekommen ist und mich einfach verarschen wollte und meine Adresse weitergegeben hat oder so. Das ist äußerst unangenehm, wenn die hier vor der Tür Randale machen und rumpöbeln, so daß man schon fast die Polizei rufen muß.

Unangenehm finde ich natürlich auch, wenn einer echt Potenzprobleme hat. Da bin ich irgendwie nicht für zuständig. Das bin ich nicht gewohnt, das beleidigt mich fast persönlich! Wenn man sich da bemüht und bemüht, und dann passiert nichts. Also, das kann ich nicht haben. Und dann den noch irgendwie auffangen, daß er sich trotzdem noch wohlfühlt, das find' ich superanstrengend. Bei allen Tricks, die ich kenne, es ist einfach manchmal zwecklos. Einer, der hatte sich schon vorher mit anderen Frauen getroffen und hatte auch noch für die nächsten Tage Termine, da hat er auch nicht gekonnt, hat er mir hinterher erzählt, und das wundert mich schon, daß er dann immer noch neue Verabredungen macht – neue Frau, neues Glück – oder wie?

Ich finde es gut, daß ich keine Professionelle bin, denn die muß ihr Geld damit verdienen, und ich muß das nicht. Für mich ist das ein Zusatzgeld, und ich kann mir leisten, mal drei Monate gar keinen Termin zu machen, oder ich kann Leute wegschicken, die ich nicht mag, oder nie wieder einladen, wenn es mir nicht gefallen hat, oder ich kann von vornherein Ansprüche stellen, wie zum Beispiel nur Leute zwischen zwanzig und dreißig, was manche machen – ich mach' das aber nicht, weil, ich denk' mir, das liegt nicht am Alter oder am Aussehen, wie jemand ist. Ich muß den erst mal kennenlernen. Aber ich kann wirklich aussuchen! Und wenn einer mir dumm kommt, dann kann er gehen. Das kann sich eine professionelle Hure nicht immer leisten. Und dann denk' ich mal, daß die auch weniger Zeit investiert, weil die vielleicht einen Zuhälter im Hintergrund hat, der ihr Druck macht, daß sie für jeden Mann nicht länger als eine halbe Stunde braucht – und daß sie selbst nicht so viel Spaß dran haben kann, eben weil sie in Eile ist. Also ich kenn' ja keine, aber wie ich es mir vorstelle, ist es eben so, daß sie möglichst wenig geben für möglichst viel Geld. Und bei mir ist es umgekehrt. Also nicht, daß ich wenig Geld nehme, aber ich geb' eben viel dafür. Ich möchte mich im Ganzen verkaufen, mit meiner ganzen Art. Mit meinem Gespräch, das ich mit ihnen führe, mit allem, mit meiner ganzen Persönlichkeit und nicht nur mit meinem Körper. Der Mann soll sich bei mir wohlfühlen. Mehrere Männer hintereinander zu haben wäre mir auch zu stressig. Ich bereite mich ja auf das Date vor, ich les' mir die Mail noch mal durch und stell' mich auf denjenigen ein. Jeden Abend wäre mir auch zu viel, aber einmal am Abend – höchstens – kann ich das auch. Das kann auch gar keinen Spaß mehr machen, wenn man das den ganzen Tag macht.

Was ich mir früher nicht vorstellen konnte, ist, wie kann eine, die als Hure jobt, dann noch Spaß am Sex mit ihrem Partner haben. Vielleicht ist es bei einer Profihure tatsächlich so, aber bei mir nicht. Also, ganz im Gegenteil. Ich hab' eigentlich noch mehr Vergnügen dadurch. Und es ist auch wirklich ganz was anderes als mit Gästen. Weil da natürlich auch Gefühle mit reinspielen. Die Gäste find' ich vielleicht sympathisch, aber ich verlieb' mich ja nicht in die. Das wäre auch übertrieben, wenn man die nur einmal oder ein paarmal sieht. Das ist schon eine sehr intensive Beziehung, die ich mit meinem Mann hab', und die wirkt sich auch auf den Sex aus, ist viel intensiver und eben eine ganz andere Art. Ich würde auch nicht mit einem Gast eine ganze Nacht verbringen. Zusammen einschlafen und zusammen aufwachen, das ist für mich viel zu intim. Das mach' ich für Geld nicht.

Als Heranwachsende hab' ich ziemlich viel von meinen Schwestern mitgekriegt, die sind vierzehn, zwölf und sieben Jahre älter als ich. Von meinen Eltern kam an Aufklärung eigentlich nichts. Das haben meine Schwestern kompensiert. Ich hätte mich auch nicht getraut, meine Eltern was zu fragen. Also, wenn meine Mutter mal so einen Ansatz gemacht hat, als ich dann so langsam in das Alter kam, wo sie dachte, ich hätte jetzt Interesse an Jungs, führte sie mich mal ins Schlafzimmer und meinte, ja, wenn ich dann mal ein Kondom benutzen würde – und dann hat sie mir auch eins gezeigt – dann sollte ich auch so eine Creme dazunehmen, weil – eins allein, das reicht irgendwie nicht. Und dann hat sie mich zum Frauenarzt geschleppt und mir die Pille verschreiben lassen, obwohl ich an so was noch gar nicht gedacht hatte – also, sie war so voller Angst, daß irgendwie die Familie durcheinander gebracht werden könnte, wenn die Tochter schwanger wird. Sie kann alles machen, aber es darf keiner merken. So ungefähr. Auch mit Herumschreien in der Wohnung oder Türenknallen – man durfte sich streiten und angiften, aber es durfte keiner hören. Bei mir hat sich das zum Gegenteil hin ausgewirkt, weil ich eher alles rauslasse, also auch Gläser an die Wand werfe, wenn ich sauer bin, weil ich gar nicht einsehe, daß ich was verstecken soll, was tatsächlich da ist.

Meinen ersten Freund hatte ich dann mit vierzehn, weil ich dachte, wenn ich schon die Pille nehme, dann muß sich das auch lohnen. Das war natürlich alles ziemlich unreif und gehemmt. Ich möchte auch nicht noch mal zwanzig sein, denn ich denke, daß ich immer mehr ich selbst werde, je älter ich bin, und einfach auch ein ganz normales Verhältnis zu all meinen Bedürfnissen hab', egal ob jemand anderes die gut findet oder nicht. Und nur noch drauf guck', was ich selbst gut finde.

Was die Hobbyhurensache betrifft, es ist schon ein bißchen desillusionierend. Ich habe ja auch früher schon den Männern alles mögliche zugetraut. Aber daß auch junge, gutaussehende Männer, die zu Haus eine hübsche Freundin sitzen haben, zu einer Hure gehen, das hätte ich nicht gedacht. Was die manchmal für komische Moralvorstellungen haben: »Ich darf und sie nicht.« Ich dachte, das hat sich alles schon geändert. Aber es ist immer noch so.

Ich selbst war lange Zeit monogam. Das ist mir zwar mehr oder weniger schwergefallen, und ich wäre gern weniger monogam gewesen, nur ich dachte, das gehört sich so. Aber ich finde es schön, daß sich das so entwickelt hat, daß ich das nicht mehr sein muß, mit dem Mann, den ich jetzt hab', sondern daß wir ganz normal unsere Beziehung gefunden haben, und er muß auch nicht unbedingt monogam sein. Am Anfang sollte er das zwar, aber das hat sich auch schon geändert, wenn ich die Frau kenne und auch mag. Es ist nur eben so, daß wir nichts getrennt machen. In irgendeiner Weise ist der andere immer dabei. Wir haben so unsere eigene Definition von Treue gefunden: Keiner macht etwas, wenn der andere nicht dabei ist oder nicht einverstanden ist – und daß man sich geistig treu ist, also, daß wir unsere innersten Gefühle miteinander teilen. Mir würde es viel ausmachen, wenn er das, was ihn im Innersten beschäftigt, mit anderen besprechen würde. Das würde mir mehr ausmachen, als wenn er mit einer anderen Frau ins Bett geht. Oder daß man Zeit miteinander verbringt. Das ist zum Beispiel auch ein Grund gewesen, weshalb ich mich von meinem Ex-Mann getrennt hab'. Er hat die Zeit, die ich gern mit ihm gehabt hätte, und er hat sehr viel bis in die Nacht gearbeitet, dann eben auch noch mit anderen verbracht, die ihm dann anscheinend viel wichtiger gewesen sind. Da konnte jeder oder jede – eher noch Frauen, denn Frauen zu helfen war irgendwo sein Hobby – mit einem Problem zu ihm kommen, dann hat er sich alles angehört und alles für die getan, nur ich saß allein zu Hause. Und das finde ich schlimm. Das macht mir mehr aus als körperliche Untreue.

Ich denke mal, die Männer sollten einfach so sein, wie sie sind, und sich das auch eingestehen. Und sollen auch die Frauen so lassen, wie sie sind. Das wichtigste ist, daß der Mann seine Persönlichkeit kennt und akzeptiert und seine Art, und die von anderen auch akzeptiert, egal wie sie ist. Männer haben eher so komische Klischeevorstellungen im Kopf, wie man zu sein hat, und lästern dann über andere, die anders sind. Daß sie ehrlicher sind und andere auch mal angucken und nicht vorher schon ein Bild im Kopf haben.

Demnächst will ich unbedingt mal einen Gangbang machen. Ich wollte das mal richtig planen und auch durchziehen – jeder hat nur drei Minuten. Und ich will unbedingt mal sehen, ob mir das gefällt. Deswegen hab' ich auch den Gedanken aufgegeben, das für Geld zu machen – das hatte ich ja erst auf meiner Homepage angekündigt. Ich will meine Lieblingsgäste einladen und Freunde aus anderen Zusammenhängen und vielleicht auch noch eine zweite Frau dazu nehmen, und das Ganze mehr auf privater Basis. Wenn ich Geld dafür nehmen würde, könnte ich schlecht aussteigen, wenn ich merke, es gefällt mir doch nicht. Das möchte ich mir vorbehalten, es ist einfach ein Experiment, wie das mit ganz vielen Männern ist. Ich weiß nicht, was meine spezielle Lust daran ist, keine Ahnung, ich glaub', das geht alles in meinem Kopf ab. Einfach mal nur Objekt sein. Ohne daß ich was tun muß, ohne daß ich mich anstrengen muß, ich leg' mich einfach hin und warte ab. Am besten noch festgebunden, daß ich gar nichts machen kann, keine Ahnung, warum ich das unbedingt mal erleben will. Deswegen will ich das ja auch machen, um dem auf die Spur zu kommen, was es für mich bedeutet.

»Wenn ich so eine gewisse Spannung spüre, dann gehe ich dem nach.«

Jessika (40, Pädagogin)

Ich stamme aus einer gutsituierten Familie, meine Mutter ist Hausfrau, mein Vater hat ein eigenes Geschäft und ich habe vier Brüder. Als Kind habe ich viele Freiheiten genossen und stand auch unter keinem persönlichen Druck von Armut. Also, das typische Wohlstandskind, für das eine gewisse Großzügigkeit normal war. Das Ganze muß man sich in einer norddeutschen Mittelstadt vorstellen. Man kannte sich aus in der Stadt, und man kannte auch viele Menschen. Es war überwiegend ein Männerhaushalt, eben durch die Brüder, weshalb ich auch früh viel mit Männern in Kontakt kam. Ich war also die sogenannte verwöhnte Tochter, in der Reihenfolge das dritte Kind. Aufgewachsen wie eine Prinzessin. Bis zur mittleren Reife bin ich in die Schule gegangen.

Sexualität hat mich eigentlich schon immer als Thema begleitet. Ich hatte schon sehr früh sinnliche Impulse, hab' mit meinen Brüdern auch die berühmten Doktorspiele gespielt und habe in der Pubertät mit meinen Brüdern die ersten erotischen Erfahrungen gemacht. Nicht wirklich Sex im Sinne von Geschlechtsverkehr, aber sinnliche, erotische Berührungen. Im nachhinein habe ich übrigens durch meinen Beruf auch feststellen müssen, daß das in ganz vielen Familien vorkommt. Auf der einen Seite im Sinne von Neugierde und Freude und auf der anderen Seite aber auch auf eine Weise, wo man als Mädchen oder junge Frau wahrnimmt, daß die Männer in der Verwandtschaft diese »geifernde Energie« kriegen.

Das war für mich der Auslöser für mein eigenes Verhältnis zur Sexualität, so daß mich die Frage, wie ist das, wie wirkt das auf die Menschen, immer begleitet hat. Ich habe tatsächlich auch mit Freude diese Spiele gemacht, aber auch mit schlechtem Gewissen, weil das ja von der Kirche und der Gesellschaft als »schlimm« bezeichnet wurde. Das war mein eigentlicher Konflikt zwischen vierzehn und sechzehn. Das kam natürlich irgendwann auch raus, und meine Mutter reagierte leicht entsetzt, aber sie hat uns dann nicht bestraft. Damit war es auch beendet. Und der Bann war gebrochen.

Ich bin mit siebzehn von zu Hause weggegangen. Zum einen habe ich eine pädagogische Ausbildung gemacht, zum anderen hat mich natürlich das »Abenteuer Leben« gereizt. Ich war dann in allen möglichen Kommunen und Gemeinschaften unterwegs, was zur damaligen Zeit eben auch »das Abenteuer« war – die Hippiebewegung, Friedensarbeit, die Welt zu verändern. Da tauchte ja das Thema freie Sexualität immer wieder auf, Partnerschaft – was ist das? – Wie wollen wir leben? Da hab' ich einfach alles aufgesucht, was irgendwie spannend klang. Und so bin ich dann zu einer Frau herangereift, die eher viele, über Jahre hin wechselnde Partnerschaften hatte, also nie in einer Partnerschaft zur Ruhe kam. Das hat sich inzwischen verändert, aber das war so praktisch meine Jugend. Abenteuer war groß geschrieben, ich hatte mich oft verliebt, die Männerwelt war spannend für mich, es hat mich gezogen, mich selbst darin auszukundschaften. Das andere Thema war auch, daß ich Mutter werden wollte und das dann auch mit 27 geworden bin. Die Beziehung zu dem Vater des Kindes ist ein wichtiges Bindeglied in gemeinsamer Verantwortung und Vertrauen. Und das hat dem Kind und uns auch sehr gutgetan, weil wir dadurch auf eine bestimmte Weise zu Lebensgefährten geworden sind. Über diese Entwicklung als Eltern haben wir nämlich zu einer tiefen Freundschaft gefunden. Das heißt, daß wir immer füreinander da sein werden, egal, wo der andere gerade lebt. Obwohl wir unterschiedliche Beziehungsformen leben und ich heute in einer festen Partnerschaft bin, aber nicht mit dem Vater des Kindes.

Für die Idee, als Hure zu jobben, gab es verschiedene Auslöser. Zum einen meine eigene sexuelle Neugierde und die Lust auf Unbekanntes, zum anderen meine Erfahrung, daß es in vielen Familien und sozialen Gruppierungen einen Untergrund von Sexualität gibt, mit dem verächtlich umgegangen wird und der aber gleichzeitig eine riesige Macht und Auswirkung auf die Menschen hat. Und diesem Untergrund bin ich nachgegangen. Zum Beispiel, daß der Puff verachtet wird. Daß man verächtlich über die Frauen und über die Männer, die dahin gehen, spricht und über das, was dort passiert. Irgendwie hat es mich da hingezogen, ich war neugierig, was passiert da eigentlich wirklich. Und ich hatte ein gewisses Kribbeln bei der Vorstellung, daß ich für Sex Geld bekomme. Und wenn ich so eine gewisse Spannung spüre, dann geh' ich dem nach. Da es damals noch kein Internet gab, war für mich klar, daß ich in Clubs gehe, von denen ich wußte. Ein Einstieg war auch eine Freundin von mir, die da gearbeitet hat. Das hat es mir erleichtert, denn die hat erzählt, daß es nicht schlimm ist, hat von ihren Abenteuern berichtet, wie toll und spannend das ist und daß es nicht gefährlich sei, wenn man in die richtigen Clubs geht, wegen Zuhältern und all diesen Dingen, die man so im Kopf hat – was auch immer – Gewalt, Unterdrückung, Zuhälter kommen und schnappen einen weg und so weiter. So stellt man sich das ja vor. Und die Freundin war eben etwas mutiger und eher da. Es gibt ja Unterschiede in diesem ganzen Milieu, Clubs, die ein gewisses Niveau haben und geleitet werden von Leuten, die das Niveau des Clubs vorgeben. Auch, wie die Männer sich dort zu verhalten haben. Und in so einem guten Club hab' ich dann angefangen. Nebenbei, vielleicht mal zwei Wochen am Stück, aber nie wirklich sehr lange hintereinander und immer mit der Haltung der Neugierde. Nicht, daß ich das Geld nicht gebraucht hätte. Aber das war eben auch ein sehr schöner Nebeneffekt. Auf der anderen Seite war ich Mutter und betreute andere Kinder im Rahmen einer Elterninitiative, also eine Art Kindergarten.

Interessant für mich war, daß ich zum ersten Mal die Gelegenheit hatte, meine Onaniephantasien auszuleben. Und zwar ganz real.

Es gab immer Männer, die dem auf eine gewisse Art entsprachen. Nicht, daß ich es vorher geplant hätte oder so, sondern das hat sich oft aus der Situation heraus ergeben. Und dadurch, daß man sich gegenseitig nicht kannte, war ich auch mutiger als in einer Beziehung oder wenn ich einen One-Night-Stand hatte, weil für mich der Club auch so etwas wie ein Schutzraum war. Das Tolle war, fand ich, daß in den Clubs, in denen ich gearbeitet hab', die Männer oft schon an der Tür ihr Machogehabe abgelegt haben. Die haben schon gespürt, daß es jetzt um was anderes geht, als das große Maul zu zeigen. Ich habe auch erlebt, daß Männer dicke Frauen mögen, die in unserer Vorstellung von Schönheit oft nicht vorkommen. Ich selbst bin zwar schlank, aber es war schön für mich zu sehen, daß sie sich nicht immer auf mich stürzten, sondern oft auch sehr gern zu meinen Kolleginnen gingen, die viel runder waren und diese Wollust und Üppigkeit mehr repräsentierten. Und ich habe gemerkt, wenn ich echt bin und meine Lust zeige, daß die Männer das auch ehren. Ich hab' mich akzeptiert gefühlt von den Männern. Und nicht verachtet. Ich habe auch immer mit Kolleginnen zusammengearbeitet, die selbst eine gewisse Freude an ihrem Job hatten. Und ich war immer selbst die Bestimmerin, die festgelegt hat, was im Kontakt mit dem Mann passiert. Auch wenn der Mann es mir äußerlich nicht anmerkte. Das beherrschen diese Frauen allgemein sehr gut.

Verändert hat sich das bei mir erst, als ich keine Lust mehr hatte und begann, mich vor dem Ganzen zu ekeln. Da hab' ich plötzlich gemerkt, wie ich meine Macht verlor und der Mann anfing, mich zu verachten. Das war aber nicht im Club, sondern als ich später Hausbesuche gemacht habe. Das war die erste Situation, wo ich gemerkt hab', ich muß aufpassen, sonst wird der Mann mir gegenüber gewalttätig. Da war dann für mich die Zeit auch um, und ich mußte aufhören. Meine Neugierde war weg, und ich hatte begonnen, mit dem Geld zu kalkulieren. Mit Gedanken wie: Ja – ich will jetzt nicht einfach aufhören, das ist ja noch gut verdiente Kohle ... Da kippte es dann, und ich fing an, mich und den Job zu verachten und mich zu ekeln. Den Ekel hab' ich natürlich dem Mann gegenüber gehabt, der dann praktisch mein letzter Gast war. Da verlor ich meine ganze Kraft, ich wurde Opfer der Situation, und der Mann hätte alle Möglichkeiten gehabt, gewalttätig zu werden. Da wußte ich dann – sofort aufhören, raus!

Besonders Spaß gemacht haben mir Spiele im Sinne von Chef und Sekretärin, in denen ich das Objekt des Mannes war, wobei es weniger um SM als um das Rollenspiel ging. Bis auf eine Ausnahme – da war ich voll die Sklavin, und das Beglückende war auch, daß der Mann mich vorher und hinterher voll als erwachsene, eigenständige Frau respektiert hat. Wir haben ein Spiel gespielt, es war alles auf die Spielsituation beschränkt. Und danach hat er sich herzlich bedankt und mich wieder als Frau akzeptiert. Da war nicht die geringste Geste von Verachtung mehr spürbar. Das war für mich eine tolle Erfahrung. Aber solche Spiele gehören sonst nicht so zu meinen Ambitionen. Oder auch Analsex. Normalerweise hatte ich in meinem Angebot keinen analen Sex. Aber einmal kam mitten in der Nacht ein junger Mann, der praktisch in seinem Leben noch nie Analsex hatte, in den Club. Irgendwie hatte er eine Art, mich danach zu fragen, daß ich Lust hatte, mich darauf einzulassen. Wir sind dann aufs Zimmer gegangen, und das Überraschende und Schöne für mich war, daß es ganz leicht war. Es war einfach schön und sehr leicht, obwohl ich ihn nicht kannte. So etwas war für mich eine sogenannte Perle in dieser Zeit. Das lag sicher mit daran, daß er so tief diesen Wunsch hatte und sich so gefreut hatte, daß er das jetzt mal ausprobieren kann, daß ich dadurch eben auch ganz offen war. Ich hab' mich so in vielen Aspekten neu erlebt, in vielen Aspekten meiner Sexualität, die ich vorher teilweise nicht kannte. Das Gute war, daß ich da den Raum hatte, mich auszuprobieren, und die Männer dann hinterher auch immer wieder gegangen sind und keine persönlichen Geschichten daraus gemacht haben.

Ich hatte in der Zeit auch feste Liebespartner, und die wußten davon. Ich lebe mein Leben immer so, daß ich mein Umfeld vertraut mache mit dem, was ich tue.

Es gab natürlich verschiedene Reaktionen. Manche Männer hatten Schwierigkeiten damit, wenn ich nach solchen Jobs nach Hause kam und erst mal meine Ruhe haben wollte und nicht gleich offen war für Sex. Das war schwierig für manche, mir den Raum zu lassen und nicht auch gleich noch Sex zu bekommen. Und das ist dann ein echter Konflikt. Denn den eigenen Partner möchte man ja nicht wie jemanden im Club behandeln – wenn du mir 150 Mark gibst, dann ja, sondern man will ja dann den Sex haben, wenn er auch aus der Situation heraus entsteht. Und erst mal hab' ich dann etwas für mich gebraucht und nicht schon wieder einen Mann. Ich glaube, daß Männer schnell denken, wenn ich als Frau Abenteuer mit anderen habe, er wäre nicht mehr gut genug für mich. Wenn ich nicht Lust hab' auf ihn, daß dann sein Wert als Mann und Partner sinkt. Und das war wohl der Hauptkonflikt. Ich als Frau hab' das aber gar nicht so gesehen und wahrgenommen. Nur hatte ich eben das Bedürfnis, erst mal ein bissel Ruhe für mich zu haben. Das lag auch daran, daß ich, wenn, dann immer mehrere Tage hintereinander gearbeitet habe, blockweise. Und wenn in der Zeit meine Partner in der Nähe waren, war das eigentlich immer eine Konfliktzeit. Das hat auch mit zum Bruch von Beziehungen beigetragen, aber in dem Sinn, daß dadurch die Konflikte eher zu Tage traten, die eh da waren.

Für mich war das im Alter von dreißig bis fünfunddreißig eine Zeit, in der ich mich selbst auf verschiedenen Ebenen der Sexualität mehr erfahren habe. Aber meine Sexualität hat sich inzwischen verändert. Sie ist feiner geworden. Für mich ist es interessanter, einen feinen Orgasmus aufzubauen, es geht mir mehr um eine Lust, die von innen her entsteht und sich nicht so sehr an den Bilderwelten entlanghangelt oder an Bedürfnissen nach Nähe. Für mich war es auch lange Zeit eine Verwechslung mit der Suche nach Nähe, die ich mir über Sex geholt habe. Und das ist eben nicht mehr so. Sexualität ist jetzt ein ganz eigenes, schönes Ritual in meinem Leben. Eine Verbindung, in der ich sehr darauf achte, wie sind die Körperimpulse von beiden, wie vertiefe ich mich als Frau in meinen Wahrnehmungen, wie baut sich meine Lust auf. Ich achte mehr darauf, wie die in Verbindung zum Mann entsteht und sich gegenseitig aufbaut und nährt. Das ist fast tantrisch. Und ich habe im Laufe der Jahre dann schon gemerkt, daß über Sexualität sich auch Energien und Träume zwischen den Menschen austauschen. Deswegen ist es für mich jetzt so, daß ich mir schon viel genauer überlege, mit wem ich ins Bett gehe, als früher. Wobei ich die Hurenzeit in keiner Weise missen will. Im Blick auf meine weibliche Sexualität und Kraft und im Blick auf die sogenannten dunklen Seiten, von denen liest man ja jeden Tag in der Zeitung und man sieht sie im Fernsehen. Es gibt Menschen, die darin tatsächlich leben und sich zurechtfinden müssen, die darin gefangen sind, und es gibt in dem Ganzen auch eine sehr helle Seite. Die hat viel mit der Freude der Männer zu tun, daß sie mal wieder richtig mit einer Frau sexuell zusammen sein können. Ich hab' dort auch viele Männer kennengelernt, die froh waren, daß sie mit Frauen ins Bett gehen konnten, ohne daß sie selbst eine Beziehungsgeschichte daraus machen mußten – das waren oft sehr attraktive Männer, die im Alltag auch immer wieder von Frauen angesprochen werden, aber immer, um in einer Beziehung vereinnahmt zu werden. Und viele kamen eben, um davon frei zu sein, Freude zu haben, und hinterher gibt man sich die Hand, und das ist dann eben ein ganz besonderes Glück.

Für mich ist die Prostitution eine soziale Einrichtung. Ich finde die Aspekte der Gewalt, die da auch vorkommen, schlimm, aber vom Eigentlichen her, finde ich, sind diese Einrichtungen eben sozial. Und ich fände es auch toll, wenn wir eine Gesellschaft hätten, die das als solches würdigt, wo ich auch als Ehefrau sagen kann, okay, es ist klasse, wenn mein Mann – oder ich als Frau – dort immer mal hingehen kann. Ich hab' mir übrigens auch schon mal einen Mann gekauft, das war ein tolles Erlebnis. Wir sollten so etwas in unser Leben viel mehr einbauen, weil die Sexualität, wenn sie zu sehr gestaut ist, eben auch den Gewaltpegel in uns erhöht und sich auf die Familie auswirkt. Wenn das sozial anerkannt wäre, könnte man diese Clubs ganz anders gestalten. Und es gibt auch genug andere Möglichkeiten, Swingerclubs oder was auch immer, oder man hat einen Freundeskreis, in dem mehr möglich ist. Ich habe die Möglichkeit, Sex mit anderen zu haben, ohne daß es meine Beziehung gefährdet, und ich finde diese ganzen Varianten sehr toll. Und ich glaube, so manche Therapiestunde wäre überflüssig, wenn es mehr schöne Einrichtungen gäbe, wo man gern hingehen kann, um Sex zu haben, und das auch gesellschaftlich akzeptiert wäre.

Ein Teil der Gewalt in unserer Gesellschaft ist der gestaute sexuelle Untergrund. Nicht alles muß ausgelebt werden – wir sind ja in so einer Hunger- und Suchtgesellschaft – ich will haben, haben, haben, das ist die eine Seite, und wenn jemand so ist, das fühlt sich nicht gut an. Auf der anderen Seite ist es die Moral – man darf nicht, man soll nicht und so weiter. Für mich geht es dann um ein gewisses Erwachsensein, in dem Sinne, daß ich mir Räume für meine Bedürfnisse suche, daß ich dafür ein entsprechendes Bewußtsein entwickle, um sie tiefer zu verstehen, ob es wirklich reale Bedürfnisse sind oder Traumatisierungen. Die kann man heilen, aber eben auch erst, wenn ich dafür bereit bin, ein Bewußtsein zu entwickeln, und Menschen finde, mit denen ich darüber reden kann, ohne gleich vorverurteilt zu werden. Und wenn das geschafft ist, entsteht auch weniger Gewalt und sexueller Mißbrauch gegenüber Kindern.

Ich finde es schade, daß die Frauen für sich diese Möglichkeit so wenig nutzen. Es gab ja immer auch Versuche, Einrichtungen für Frauen zu schaffen, mit schönen Männern und so. Das wird viel zu wenig genutzt. Manchmal tut es doch einfach gut, einen schönen Abend mit jemandem zu haben, auch wenn man dafür bezahlt. Daß sie dafür bezahlen müssen, hält ja die meisten davon ab, aber dann laufen sie eben ewig jammernd durch die Gegend, weil sie nicht genug bekommen, und weigern sich, dafür auch mal zu bezahlen. Aber wenn sie sich mit Geld mal ein schönes Erlebnis verschaffen würden, dann würden sie das auch ausstrahlen und vielleicht auch einen möglichen Partner anziehen. So etwas gehört für mich zur Schönheitspflege.

»Auch wenn ich mich unterwerfe, ist es mein eigener Wille.«

Susi (38, Abteilungsleiterin)

Mein Leben hat sich in den letzten Jahren völlig verändert. Wenn ich zurückschaue, erinnere ich mich, daß ich Sex erst mit achtzehn Jahren kennengelernt habe. Da hatte ich den ersten sexuellen Kontakt mit meinem damaligen Verlobten. Mit dem bin ich, bis ich vierundzwanzig war, zusammengewesen. Dann ist das auseinandergegangen. Ich habe danach anderthalb Jahre überhaupt keinen sexuellen Kontakt mit Männern gehabt, sondern bin nur ausgegangen, aber mehr ist da nicht gewesen. Ich lernte dann meinen Ex-Mann kennen, und mit achtundzwanzig, als ich schwanger wurde, hab' ich geheiratet. Da lief aber nie was nebenher, sondern immer nur mit ihm. Während der Ehe gab es viel Ärger, viel Knatsch, viel Verdruß, nach vier Jahren dann die Scheidung. Danach wollte ich über zwei Jahre von Männern überhaupt nichts mehr wissen. Gar nichts! Ich hab' mich total zurückgezogen und mich eigentlich nur noch um Arbeit, Kind und Haushalt gekümmert. Ich hab' mir gesagt, jetzt will ich meine Ruhe haben, Männer können mich alle mal. Ich komme allein zurecht, ich brauch' die nicht. Ich hatte auch gar keine Lust mehr auf Sex. Die Enttäuschung aus den beiden vorherigen Beziehungen hatte das verursacht. Und daß ich allein sehr gut zurecht komme, hatte ich nun festgestellt. Ich dachte, ich brauche keinen Mann für mein normales Leben, und hab' nichts vermißt in dieser Zeit. Ich hab' wahrscheinlich einfach eine gewisse Zeit gebraucht, und während meiner Ehe lief in den letzten Jahren sowieso nichts – das hätt' ich im Kalender rot anstreichen können – wenn wir im Jahr fünfmal Sex gehabt haben, dann war das viel. Also hab' ich nichts groß vermißt, als ich dann alleine war. Ich hab' dann angefangen, Sport zu treiben, hab' die Arbeitsstelle gewechselt. Mit fünfunddreißig bin ich dann so langsam wieder aufgetaut. Bin dann mit Arbeitskollegen und -kolleginnen ausgegangen. Aber da lief mit Sex auch noch nichts. Irgendwann habe ich aber gedacht, mir fehlt schon etwas. Aber es ist ja nicht so ganz einfach, jemanden kennenzulernen. Da hab' ich mich entschlossen, mir doch mal einen Computer zuzulegen, und wie das so kommt, hört man dann von diesem und jenem, du solltest mal chatten, das ist lustig, das macht Spaß. Ja, und das hab' ich dann auch getan und hab' dann im Chat auch jemanden kennengelernt, hab' mich auch mal verabredet, und irgendwann landeten wir dann auch im Hotel.

Und dann kamen so langsam meine erotischen Phantasien wieder, die entwickelten sich aber so schrittweise in eine etwas andere, in eine devote Richtung. Vor allen Dingen entdeckte ich, daß ich Schmerzen mag. Ich bin noch nie sehr schmerzempfindlich gewesen, auch wenn ich mich mal irgendwo verletzt hatte, da bin ich einfach drüber weggegangen, Pflaster drüber und fertig. Und in der Phantasie kam ich dann darauf, wie wäre es, beim Sex Schmerz zu haben. Ich hab' dann einen sehr guten Chat-Partner gehabt, mit dem ich Rollenspiele gemacht habe, und hab' das mit ihm »virtuell« durchgespielt.

Irgendwann hat mir das dann nicht mehr gereicht. Und ich hab' mir dann jemanden gesucht, mit dem ich das alles ein wenig mehr real umsetzen konnte, noch sehr vorsichtig, denn man muß ja sehr viel Vertrauen dafür aufbringen. Aber ich habe einfach festgestellt, daß es mir Spaß macht und mich auch geil macht. Bei diesem Partner kam dann das erste Mal der Gedanke, wie wäre es, wenn jemand anderes noch mit dabeiwäre. Als ich an einem Abend zu ihm kam, war dann noch eine andere Frau da. Ich war erst sehr skeptisch, denn ich bin absolut nicht bisexuell. Aber ich habe dann doch mitgemacht und hab' mich seinen Forderungen unterworfen. Das war eine interessante Erfahrung. Aber nicht so, daß ich gedacht habe, das ist das A und O, ich bin jetzt bi oder so. Es war mal ganz interessant, aber das war es dann auch. Die Beziehung zu dem Mann war allerdings auch rein sexuell, keine Liebesbeziehung. Ich hab' aber irgendwo immer noch jemanden gesucht, bei dem ich mich auch mit meinen Sorgen und Problemen fallenlassen konnte. So war das für mich auf Dauer nichts. Er war aber nicht bereit, die Beziehung zu vertiefen, er war auch gerade erst geschieden und hatte dadurch eine Menge Probleme. Ich hab' mich dann von ihm getrennt und bin weiter auf die Suche gegangen.

Durch Zufall, diesmal nicht übers Internet, traf ich jemanden auf einer Vernissage. Das war eine ganz lustige Geschichte. Ich war mit einer Freundin dort. Die Bilder waren fürchterlich. Man konnte sich eigentlich nur darüber lustig machen – das ist so meine Art, ich versuche gerade bei der modernen abstrakten Kunst eine Deutung hineinzubringen. Und hinter uns standen zwei Männer, etwa im gleichen Alter, und grinsten sich einen zu unseren Kommentaren. Wir standen dann hinterher an einem Tisch und tranken ein Glas Orangensaft und kamen so ins Gespräch, haben viel gelacht, und einer von den beiden lud mich noch ein, auf einen Kaffee mitzukommen. Der meinte dann, es wäre ja ganz schön, wenn wir uns mal näher kennenlernen würden. Er käme aus N., das ist ja nun nicht allzu weit, nur hundert Kilometer. Tja, meinte ich, am einfachsten wäre es, wenn du Internet hättest. Darauf meinte er, sein Rechner wäre eigentlich vierundzwanzig Stunden täglich online. Dann haben wir uns im Chat getroffen, und ich stellte mit der Zeit fest, daß er doch sehr bestimmend in seiner Art war. Ich hab' dann von meinen sexuellen Interessen gesprochen. Spätestens jeden zweiten Tag haben wir auch miteinander telefoniert, dabei kam heraus, daß er eine devote Partnerin suchte, nur forderte er dann aber auch absoluten Gehorsam. Da habe ich natürlich schwer überlegt, weil ich ja gewöhnt war, meine Probleme selbst zu lösen. Das zeigt sich auch beruflich. Ich bin Abteilungsleiterin in einer mittelständischen Firma. Und von daher auch eine Respektsperson. Ich hab' auch relativ viel Menschenkenntnis. Wenn ich nicht wüßte, wie ich Mitarbeiter anzupacken habe, würde ich nicht weiterkommen und nur an Mauern stoßen. Insofern bin ich eher ein aktiver und bestimmender Mensch. Das zeigt sich auch im Sport. Ich habe vier Jahre lang Taek-Wan-Doo gemacht und mußte das aber aus gesundheitlichen Gründen aufgeben. Heute laufe ich noch viel Inliner, jeden zweiten bis dritten Tag zehn bis fünfzehn Kilometer, wenn das Wetter mitspielt.

Ich bin jetzt achtunddreißig und ein Jahr mit diesem Mann zusammen. Die Beziehung ist ganz eindeutig dominant-devot. Um es krasser auszudrücken: Er ist mein Herr und Gebieter, und ich bin seine Sklavin. Aber nicht nur im Sex, sondern in allen Bereichen. Zum Beispiel, wenn ich mit ihm zusammen bin und möchte mir eine Zigarette anzünden, dann frag' ich ihn, ob er damit einverstanden ist. Meine Entscheidungen treffe ich zwar selbst, aber ich berate mich immer mit ihm. Ob das jetzt das Berufliche ist oder Probleme mit meinem Sohn – die Entscheidungen muß ich grundsätzlich selbst treffen, die kann mir keiner abnehmen, da kann ich mich zwar beraten und mir seine Meinung anhören, aber entscheiden muß ich doch selbst. Das geht nicht anders. Meine Entscheidungsfreiheit lasse ich mir nie nehmen, wenn, dann mache ich alles freiwillig. Auch wenn ich mich unterwerfe, ist es mein eigener Wille. Und wenn ich etwas nicht möchte, dann sag' ich das auch ganz offen.

Irgendwann kam ich auf den Gedanken, daß die Männer ja bereit sind, für Sex Geld zu bezahlen. Das habe ich vor dieser Beziehung schon in Swingerclubs beobachtet, wo es ja im Prinzip darauf hinausläuft, auch wenn die Frauen nicht direkt bezahlt werden. Und ich habe einfach auch Lust auf fremde Haut. Da dachte ich mir, ich mag also gerne Sex, und wenn mein Partner damit einverstanden ist, warum soll ich das dann nicht auch machen. Es war halt nur riskant, denn – wenn das von meinem privaten Umfeld jemand wüßte, dann könnte ich mich hier nicht mehr sehen lassen. Es muß also alles sehr anonym und diskret geschehen, und der einfachste Weg war da halt das Internet, und dort über Anzeigen. Als ich das meinem Freund erzählte, fand er es sehr lustig, zeigte sich interessiert und meinte, wenn er wüßte, was da genau vor sich geht, dann würde ihn das auch anmachen. Er hat sich dann darum gekümmert und die Anzeigen geschaltet, die ganze E-Mail-Post erledigt, und dann sagte er: Also, paß mal auf, am Samstag ist da jemand, der zu dir kommen möchte. Dann haben wir das im einzelnen besprochen. Seine Wohnung ist wie zwei Appartements mit zwei Eingängen – ich habe den Schlafbereich genutzt, während er im Arbeitsbereich war. Ich hab' mich mit dem Kunden dann an einem neutralen Ort getroffen und bin mit ihm gemeinsam da hingefahren, damit die Adresse nicht gleich bekannt wird – es gibt einfach zu viel Spinner. Und so begann das dann. Ich mache es nicht oft, aber wenn es passiert, dann grundsätzlich nur mit Kondom – das Risiko ist mir zu groß mit AIDS und den anderen Geschlechtskrankheiten. Das ist ganz normaler Sex, da weiß niemand, daß ich devot bin, und den kann ich auch genießen – Zärtlichkeit, orale Spiele, und wenn ich dazu aufgelegt bin, auch anal. Manchmal macht es Spaß, manchmal nicht ganz so viel, das kommt immer so auf die Typen an. Ich habe aber immer die Möglichkeit, die Häufigkeit dieser Dates zu steuern, wenn ich nicht mag, dann muß ich auch nicht. Wir sprechen darüber, bevor er die Mails beantwortet. Das Geld kommt in ein Sparschwein, und damit machen wir dann besondere Sachen, Urlaub, oder – womit er mich ganz doll überrascht hat – zum Geburtstag hat er mir einen Ring geschenkt, wunderschön und aus Gold – allerdings einen Sklavenring, also einen normalen Ring mit einer Öse oben drin, mit einem kleinen Ring in der Öse. Das wissen die wenigsten Leute zu deuten. Und ich kann die Öse auch nach innen drehen, dann sieht das keiner mehr. Ich wollte auch immer gern ein Tattoo mit seinem Namen haben. Das haben wir jetzt im Urlaub realisiert, am Po, aber so, daß, wenn ich einen Bikini anhabe, das Tattoo nicht zu sehen ist. Es ist also eine ganz private Geschichte. Wichtig ist nur – mein Sohn braucht es nicht zu sehen, und das Theater, das meine Mutter gemacht hat, als sie mein Bauchnabelpiercing gesehen hat, hat mir auch gereicht.

Mein Sohn wird jetzt neun. Und mein Freund verhält sich wie ein Vater, er war auch schon mit zur Elternversammlung. Der Junge weiß, daß er absolut zu gehorchen hat, wenn mein Freund da ist, weil es sonst Sanktionen gibt. Er weiß auch, daß ich grundsätzlich der gleichen Meinung bin wie mein Partner. Für ihn ist es nicht ersichtlich, daß es ein anderes als ein normales partnerschaftliches Verhältnis ist. Das geht Kinder auch nichts an. Er kommt morgens zu uns ins Bett zum Kuscheln, wir gehen mit ihm schwimmen oder Inliner-Laufen. Ganz normal, wie in anderen Familien auch. Er merkt natürlich nicht, daß ich bei vielen Sachen meinen Freund mit den Augen um okay bitte, wenn ich etwas möchte. Weil wir uns in der Zwischenzeit so gut kennen, ist das relativ einfach. Da brauch' ich keine Frage zu stellen, da reicht ein Blick, ein kurzes Nicken oder Kopfschütteln, und dann weiß ich Bescheid, ob er das jetzt möchte oder nicht.

Die Männer, die mich bezahlen, sind eigentlich ganz normale Männer. Die meisten wollen einfach mal etwas anderes erleben als mit ihrer Ehefrau. Und die denken, wenn sie zu jemand gehen, den sie bezahlen, brauchen sie sich keine Sorgen zu machen, denn eigentlich gehen sie ja gar nicht fremd. Dieser Gedanke steckt bei vielen dahinter. Und es ist wie ein One-Night-Stand, wobei der Reiz für mich dabei ist, daß die Männer es bezahlen. Einer ist mein Stammkunde, mit dem treff' ich mich ein- bis zweimal im Monat. Der möchte eigentlich nur reden und Zärtlichkeiten. Der Sex ist nicht so wichtig – Reden und Gestreicheltwerden ist ihm wichtiger. Wärme fühlen. Ich kann ihm das geben und fühle mich dabei auch gut. Puren Sex kann der sich überall holen, er sieht gut aus und hätte sicher keine Probleme, sich in der Discothek ein Mädchen aufzureißen. Er braucht jemand Verschwiegenes zum Reden. Und ich kann halt auch gut zuhören. Die Wärme kann ich ihm geben und meistens möchte er noch, daß ich ihm einen blase.

Ich begrenze diese Art Verabredungen aber auch, denn ich möchte die Zeit nicht dauernd mit fremden Männern, sondern lieber mit meinem Freund verbringen, weil wir sowieso wenig Zeit zusammen haben, jedes zweite Wochenende von freitags bis Sonntag nachmittags oder einmal in der Woche abends, wenn sich das zeitlich machen läßt. Wenn er zu mir kommt, lassen sich unsere sexuellen Gelüste schlecht ausleben, wenn das Kind nebenan schläft. Man muß immer leise sein und die Tür abschließen, sonst steht er plötzlich da, wenn er einen schlechten Traum hatte, und das ist alles zu risikoreich. Wie gesagt, ich mag Schmerzen, und da kommt es dann schon mal vor, daß es etwas lauter wird. Deswegen fahre ich lieber zu ihm.

Leider muß ich das alles als Doppelleben leben. Es wäre schön, wenn es anders ginge, aber es ist nicht machbar. Selbst wenn die Gesellschaft freier wäre, wäre es trotzdem nicht möglich, zum Beispiel im Blick auf das Berufsleben. Weil ich dann den Respekt bei den mir Unterstellten verlieren würde, wenn die wüßten, daß ich sexuell devot bin. Ich finde, Eifersucht bringt ja viele Männer dazu fremdzugehen. Oder zu einer Hure zu gehen, weil sie sich einfach von ihren Frauen eingeengt fühlen. Und ich denke, viele Leute sollten mal nachdenken, was ihnen diese Eifersucht eigentlich bringt. Ich bin früher auch eifersüchtig gewesen, und mein Exmann ist sicher auch fremdgegangen. Das hat mich damals sehr, sehr gestört. Heute sehe ich das ganz anders. Solange aus Kontakten mit anderen keine feste Beziehung entsteht oder eine Liebe – was tut mir das dann an, wenn mein Partner mit einer anderen Frau schäkert oder auch schläft? Das nimmt mir ja nichts weg. Ich hab' ja auch nicht immer Zeit und Lust auf ihn. Deswegen sollte man sich darüber Gedanken machen, ob Eifersucht in irgendeiner Weise positiv sein könnte. Wir haben das Problem nicht, im Gegenteil, ihn reizt es sogar, wenn ich Sex mit anderen habe.

Mit den Gefühlen im SM-Bereich klarzukommen, hab' ich auch am Anfang meine Schwierigkeiten gehabt. Zu verstehen, warum man den Schmerz mag und der dann auch noch sexuell stimulierend wirkt. Ich habe es dann irgendwann akzeptiert, ohne es verstanden zu haben, obwohl ich es versucht habe. Ich habe es einfach akzeptiert und genieße es. Das ist vielleicht die einfachste Möglichkeit, und es funktioniert. Ob ich pervers bin oder ob das schlecht ist, habe ich mich noch nie gefragt. Was das Hingezogensein zu einem dominanten Mann betrifft, habe ich schon meine Hypothese: Mein Vater war ein dominanter Mann, allerdings nur im Geschäftsleben. Zu Hause hatte meine Mutter immer die Pantoffeln an. Auch heute noch. Aber er hat das Leitbild vom »Mann« geprägt. Meine beiden vorigen Partner waren charakterlich wesentlich schwächer als ich. Und so etwas brauche ich nicht. Ich brauche jemanden, der mindestens genauso stark ist wie ich auch. Das finde ich nicht bei jemandem, der nur so auf Gleichberechtigung aus ist. Ich brauche einfach diesen Punkt, daß ich mich selbst fallenlassen und die Verantwortung aus den Händen legen kann. Und das mit meinem Herrn ist einerseits so, daß wir uns gegenseitig schon unsere Probleme erzählen, aber wenn er sagt, daß er etwas so und so erledigt haben will, dann erwartet er auch, daß das genauso passiert. Natürlich darf auch er mal schwach sein und sich fallenlassen. Das gehört in jede Beziehung hinein. Man kann nicht immer nur stark sein. Wenn man in so einem Zwang steht, stark sein zu müssen, geht man kaputt. Irgendwann ist ja auch der Punkt gekommen, wo man sich fallenlassen muß. Wenn nicht, dann schlägt es in Aggressivität um. Das ist bei vielen Menschen der Fall, vor allen Dingen auch gegenüber Schwächeren wie Kindern, und das ist eine Sache, die darf nicht passieren. Gerade was Kinder angeht, da bemühe ich mich, auch wenn es viele Nerven kostet, immer ruhig zu bleiben. Und das kostet Nerven bei einem Neunjährigen!

Um das Geld geht es, wenn ich Hure bin, eigentlich nicht. Ich verdiene ganz gut, und ich mache auch lieber Abstriche in der Arbeitszeit und hab' dann mehr Zeit für meinen Sohn, als daß ich tausend Euro mehr verdienen würde und dann diese Zeit nicht mehr habe. Da ist mir das Kind wichtiger. Ich hab' mehr als zweitausend Euro im Monat, brutto, und damit kann man gut leben. Es geht also mehr um den sexuellen Kick. Manchmal sagt mein Herr: »Ich hab' ein kleines Geschenk für dich.« Denn er weiß ganz genau, daß ich gern die Abwechslung mag. Und das sieht er dann wie ein

Geschenk für mich, daß ich mal mit einem anderen Mann zusammensein darf. Wenn er wollte, könnte er sogar zuschauen. Es ist eine digitale Videokamera versteckt im Raum installiert, mit Funkübertragung, und wenn irgendwelche Probleme auftauchen würden, könnte er sich jederzeit dazuschalten und sogar mitschneiden. Das ist so ein kleiner Sicherheitsfaktor. Obwohl, die meisten wissen ja gar nicht, wie sehr sie sich schon mit der ersten Mail bloßstellen, für meinen Herrn ist es kein Problem zurückzuverfolgen, von welchem PC eine Mail kommt. Solange das alles in ganz geregelten Bahnen läuft, ist das ja kein Thema. Die Männer wissen auch nicht, daß ich devot bin, denn da wäre mir das Risiko, daß etwas passiert, viel zu hoch. Da kann man zu schnell an einen geraten, der dann ausrastet. Und das ist eine Situation, wo ich dann nicht mehr die Kontrolle hätte. Jetzt habe ich die Dominanz gegenüber den Männern. Ich erfülle zwar ihre Wünsche, aber ich bestimme die Spielregeln. Meine Macht lass' ich nur bei meinem Partner fallen, und da gibt es dann auch keine Regeln, keine Grenzen. Denn er kennt mich so gut, daß er weiß, wann es genug ist. Er merkt, wenn ich angespannt bin und ob ich Lust habe. Da ist er sehr, sehr feinfühlig.

Ich hab' ja zum Beispiel nicht gewußt, daß es so verdammt schmerzhaft ist, sich ein Tattoo stechen zu lassen. Nach dem Konturenstechen liefen mir so die Tränen aus den Augen – und das heißt schon was bei mir. Da hat er zu dem Tätowierer gesagt, komm, mach Pause. Ich hätte mich zwar weiter zusammenreißen können und hätte dann still vor mich hin geweint, aber das war schon hart an der Grenze dessen, was ich ertragen konnte, und das hat er eher mitgekriegt als ich selber.

Häufiger als zwei-, dreimal im Monat treffe ich mich nicht als Hobbyhure mit Männern. Am Anfang war es häufiger. Man merkt auch einfach, daß die Leute kein Geld mehr haben. Ich glaube nicht, daß ich teuer bin, mit zweihundert Euro für zwei-, drei Stunden. Das ist ein normaler Preis. Wenn jemand nur eine Stunde möchte, dann ist das auch okay, dann sind es eben hundert Euro.

Allerdings – ohne Geld zu nehmen gibt es für mich keinen Sex mit anderen Männern. Denn das wäre etwas, was ich meinem Herrn verschweigen müßte, und das tue ich nicht. Er arrangiert und organisiert das, und dann ist es auch automatisch für Geld. Mich würde es zwar schon reizen, mal in einen Club zu gehen, aber ihn überhaupt nicht. Ich weiß, daß er noch mindestens zwei andere Frauen hat, nur, solange er mir genügend Zeit widmet und ich darüber Bescheid weiß, ist das für mich in Ordnung. Ich weiß also immer, wo er ist und was er macht, ich weiß, wann er die anderen Frauen trifft, aber da ist keine Eifersucht, die nehmen mir ja nichts weg. Er ist mit mir zwei Wochen in Ungarn und Rumänien im Urlaub gewesen, danach mußte ich arbeiten, dann waren wir wieder zehn Tage zusammen. Jetzt hat er mich fünf Tage lang zu einem Kongreß mitgenommen, also – ich kann mich über einen Mangel an Aufmerksamkeit nicht beklagen. Wir telefonieren jeden Tag mindestens einmal, ansonsten schick' ich SMS oder eine Mail. Was er nicht mag, ist, wenn ich chatte. Und das mache ich in der letzten Zeit auch ganz selten.

»Ich war einfach auf nicht behinderte Männer neugierig.«

Maria (21, körperbehindert und arbeitslos)

Ich bin ganz normal aufgewachsen, so würde ich das jedenfalls bezeichnen, auch wenn ich die meiste Zeit im Internat verbracht habe. Da war ich vom sechsten Lebensjahr an. Das hatte mit der Schule zu tun, ich war nämlich auf einer Körperbehindertenschule. Im Osten hat man eh alle gleich in so eine Extraeinrichtung gesteckt. Meine Mutter konnte gerade noch abwenden, daß ich in den Kindergarten mußte, sonst wäre ich damals schon von dort aus in ein Heim gekommen. Und so hat sie durchgesetzt, daß ich erst mit der Einschulung dahin kam. Ich war dann elf Jahre in dem Heim. Am Wochenende und in den Ferien war ich immer zu Haus. In dem Heim waren alle körperbehindert, aber es gab auch geistig Behinderte, es wurde ja alles zusammengewürfelt, was es gab. Spastiker, Rollstuhlfahrer, Herzkranke. Nur die Betreuer waren natürlich nicht behindert. Ich habe da den Realschulabschluß gemacht, natürlich nach der Wende, ich bin ja 1987 eingeschult worden. Im Internat habe ich auch meinen Freund kennengelernt, der ist wegen eines Unfalls querschnittsgelähmt. Er ist jetzt vierundzwanzig, war zwei Klassen über mir und ist auch eher aus dem Internat ausgezogen. Da war es dann nur eine Fernbeziehung übers Telefon und sich vielleicht mal in den Ferien sehen. Die Eltern haben das ja damals auch noch nicht so richtig mitgemacht. Nicht daß sie was dagegen gehabt hätten, daß ich einen Freund hatte, aber sie hatten einfach Angst, wenn ich woanders hinfahren wollte. Wie Eltern halt so sind. Ich bin immer mit der Bahn gereist, da konnte mich nichts aufhalten, und wenn ich da fünf Leute am Bahnhof anquatschen mußte, um in den Zug zu kommen. Wenn es sein muß, geh' ich eben auf die Menschen zu.

Mein Freund war auch der erste Mann, mit dem ich Sex hatte. Da war ich dreizehn oder vierzehn. Ich sitze aufgrund meiner Behinderung zwar im Roslltuhl, habe aber zum Glück keine Lähmungserscheinungen. Er ist aber von der Brust abwärts gelähmt, da fragen sich manche natürlich, wie das mit dem Sex geht. Aber es geht. Warum, weiß ich auch nicht. Natürlich empfindet er es nicht so wie andere Männer. Sein Körper macht sich bei ihm anders bemerkbar, und er hat gelernt, diese Zeichen zu deuten. Ja, und ich war natürlich irgendwann auch mal neugierig, wie es denn mit Männern ist, die nicht behindert sind. Ist auch einer der Gründe, weshalb ich mit dem Hobbyhurenjob angefangen habe. Das Internet ist ja groß, und da lernt man auch in Chats Leute kennen. Und da bin ich dann, als ich einen netten Mann kennengelernt habe, mit dem einfach mal fremdgegangen. Das hat aber meinem Freund nicht so sehr gefallen, er meinte, ich hätte ihn vorher fragen sollen, dann hätte er ja nichts dagegen gehabt, aber nicht so heimlich. Ich habe dann überlegt, wie ich das weiter austesten könnte, ohne daß er was dagegen hat. Und da bin ich eben auf die Idee gekommen, es für Geld zu machen. Damit war er einverstanden, unter einigen Bedingungen: kein Küssen und nichts ohne Kondom. Das hätte ich auch sowieso so gemacht.

Zur Vorgeschichte gehört noch, daß ich als Camgirl gejobt habe. Ich brauchte Geld und suchte Arbeit, da hab' ich im Internet gelesen, daß man durch Chatten was verdienen kann. Anfangs war es auch nur ein einfacher Erotik-Chat, bloß, das rentierte sich natürlich auf Dauer nicht. Und dann haben sie beschlossen, alles auf Kamera umzustellen. Da stand dann für mich nur die Frage: Machen oder nicht machen. Ich dachte mir, okay, warum nicht, probieren kann man ja alles. Die Firma wußte, daß ich im Rollstuhl sitze, das stand auch in meinem Chat-Profil. Die hatten da keine Vorbehalte, solange man den Job gut macht. Anfangs war das schon komisch für mich, dazuliegen und irgendwelche geilen Sachen zu machen. Irgendwie war es eigenartig, ich mußte erst mal herausfinden, wie ich das mache, aber ich habe mich schnell daran gewöhnt. Ich hatte auch nicht das Gefühl, beobachtet zu werden, außer von meinem Freund, der mir zusah. Die Kamera hat mich jedenfalls nicht gestört. Und da muß man ja auch Werbung für sich machen, um sich die Leute heranzuschaffen. Was über die Firmenwerbung kam, war nicht so berauschend, die waren ja auch in der Aufbauzeit. Die haben uns dann den Tip gegeben, in anderen Chats zu werben und auch eine eigene Homepage zu bauen. Und diese Homepage habe ich dann einfach erweitert für den Hobbyhurenzweck. Ich hab' dann auch mal eine Anzeige im Internet geschaltet. Irgendwann hat sich dann jemand gemeldet. Und ich hab' gleich geschrieben, daß ich im Rollstuhl sitze. Da hab' ich von vornherein mit offenen Karten gespielt Ich habe das nicht irgendwie als besonderen Kick erlebt, Hure zu sein. Für mich ist das etwas ganz Normales, jedenfalls war da für mich kein Tabu, das ich breche, so wie es andere Frauen vielleicht sehen. Ich hatte noch nie etwas dagegen. Wenn andere Vorbehalte gegen Huren hatten, hab' ich immer gesagt, na und, laß sie doch machen. Eine nette Art, Geld zu verdienen, war es ja auch. Ich kam ganz klar auch auf meine Kosten, was die Lust betrifft, nicht immer, aber oft. Natürlich brauchte ich aber auch das Geld, um mir die Wohnung weiter finanzieren zu können. Und in dem Sinne war es auch wichtig, Geld zu nehmen. Meist hatte ich einen festen Preis, jedenfalls die ersten Male, später gab's dann vielleicht Rabatt. Das war aber nur bei zwei Männern so. Der Zuspruch hielt sich bei mir aber in Grenzen, sicher aufgrund der Behinderung kamen nicht so viel Männer zu mir wie zu anderen Frauen. Aber für mich waren es genug. Einen gab es, der hatte dann doch ein Problem mit der Tatsache, daß ich im Rollstuhl sitze. Und der ist dann hinterher in einem Internetforum über mich hergezogen. Der konnte aber beim Sex auch nicht, und damit kam er wohl nicht klar. Zwei oder drei sind sogar extra deswegen gekommen, aus Neugierde, wie das mit einer Rollstuhlfahrerin ist. Und der allererste, der für Geld kam, der konnte auch nicht, das war ein Student, der das auch mal ausprobieren wollte. Der war sogar zweimal da, und beide Male wurde nichts daraus. Er meinte, er hätte keine Zeit für eine Freundin wegen seines Studiums, aber ich denke, er hätte wohl was anderes gebraucht als mich.

Bei mir gab's den normalen Girl-Friend-Sex, mehr nicht. Es hatten auch einige angefragt wegen Natursekt, aber das konnte ich mir dann weniger vorstellen. SM auch nicht. Eine Stunde oder länger, je nachdem, wie sie wollten. Ich wollte in dem Rahmen jedenfalls alles mal ausprobieren, und das ist ja auch okay. Im Ergebnis habe ich zwei neue Freunde, mit denen jetzt natürlich sexuell nichts mehr läuft, aber wir treffen uns ab und zu. Mit denen hab' ich mich eben einfach von Anfang an gut verstanden, man war sich von vornherein sympathisch, und das macht für mich am meisten aus beim Sex. Irgendwelche anderen Sachen, ob jemand »gut im Bett« ist, haben mich nicht so sehr interessiert. Wenn man sich nicht versteht, dann hilft auch alles andere nichts. Und ich wollte ja auch wissen, wie das mit nichtbehinderten Männern ist. Der gute Kontakt gehörte für mich einfach dazu. Sex pur wäre sicher auch mal interessant gewesen, aber nicht auf die Dauer. Unangenehm war, als mal einer mit einer Schnapsfahne kam, die man drei Meter gegen den Wind roch. Der war zum Glück nur kurz bei mir und ist dann wieder gegangen, freiwillig.

Ich habe dann mit dem Hobbyhurenjob aufgehört, weil ich einen Job angeboten bekam. Derjenige, der mir den angeboten hat, wußte davon und meinte, es wäre besser, wenn ich das nicht mehr mache. Aber leider wurde trotzdem nichts daraus, aus anderen Gründen. Und seitdem, das ist jetzt einige Monate her, habe ich aber überhaupt damit aufgehört. Und ich habe auch eigentlich nicht weiter vor, das wieder zu machen. Meine Neugierde ist erst mal gestillt. Die Camgirlsache würde ich vielleicht wieder anfangen. Aber genau weiß ich das noch nicht. Ich lebe jetzt von Arbeitslosengeld und Sozialhilfe.

Mein größter Wunsch wäre, endlich mal einen richtigen Job zu finden. Ich habe Technische Zeichnerin gelernt, aber leider hab' ich die Ausbildung nicht beendet, weil ich zu oft und zu lange krank war. Ich war über ein Jahr krank geschrieben, und dann mußte ich mich entscheiden, ob ich weitermache oder nicht, aber es wäre ja auch weitergegangen mit den Krankschreibungen, daher hab' ich dann aufgehört. Und deswegen bin ich jetzt arbeitslos. Eigentlich ist die Ausbildung nur unterbrochen, die Schule hat mir zwei Jahre anerkannt. Wenn ich weitermachen würde, könnte ich da auch wieder einsetzen. Ich habe aber Rückenprobleme, keiner weiß so recht, woran es liegt. Mein Orthopäde konnte mir nicht weiterhelfen. Und leider gibt es hier in Nürnberg keinen Arzt, der mir weiterhelfen könnte und auf meine Behinderung spezialisiert ist. In einschlägigen Internetforen fand ich die vage Vermutung, daß es Minifrakturen in den Wirbeln sein könnten. Ich hab' dann Rückenschmerzen beim vielen Sitzen, und bei dem Job muß man das eben ständig. Ich kann mir durch Pausen keine Entspannung verschaffen, die Schmerzen bleiben. Liegen bringt auch nichts, wenn es wirklich Minifrakturen sind, dann müssen die ja heilen, und da bringt dann das Liegen auch nichts. Eigentlich habe ich immer Schmerzen, aber ich habe mich daran gewöhnt, so daß ich es nicht mehr so bemerke. Immer wenn ich zuviel mache oder zu lange vor dem Computer sitze, merke ich das wieder. Bei Sex hat mich das nicht behindert, aber ich habe auch nur Dates gemacht, wenn ich gute Tage hatte. Wenn es mir schlecht ging, hab' ich die Termine verschoben oder die Männer wieder weggeschickt. Der Sex hat mich auch etwas von den Schmerzen abgelenkt.

Ich wünsche mir von den Männern mehr Respekt. Und von den Menschen allgemein mehr Respekt vor Behinderten. Die Frauen sind es gerade, die immer doof gucken und ihre Augen nicht wieder zukriegen. Kinder sind ganz anders, die kommen auf einen zu und fragen, und dann ist es gut. Und Erwachsene versuchen sie immer abzuhalten, mach das nicht, das ist unhöflich, aber das finde ich gerade nicht.

»Warum sollten wir mit unserem Vergnügen nicht auch Geld verdienen?«

Anna (32, arbeitslose Bürokauffrau)

Anna und Ursula sind Freundinnen. Ich traf sie unter einem gemeinsamen Nicknamen in einem Chat. Freundlicherweise waren sie dann auch beide bereit, sich interviewen zu lassen. Hier zunächst Annas Geschichte, die Geschichte einer Frau, die sich selbst eher als Hobbyhure sieht und eine andere, Ursula, kennenlernt, die schon mehr einer Profihure ähnelt, wie sich im dann folgenden Kapitel zeigen wird.

Ich bin eigentlich ziemlich behütet aufgewachsen, war sehr sehr brav, viel braver als andere und hab nie groß was angestellt. Als ich das erste Mal geheiratet habe, war ich zweiundzwanzig und eine typische treue Ehefrau. Das hat auch jahrelang so geklappt, bis es dann schließlich mit der Ehe nicht mehr so funktioniert hat. Der Sex wurde immer langweiliger und so einiges andere stimmte auch nicht. Da bin ich dann das erste Mal fremd gegangen. Das war aber nur so eine reine Bettgeschichte. Ich habe kurz darauf meinen jetzigen Mann kennengelernt und mich dann scheiden lassen. Ich bin direkt zu ihm gezogen, habe ihn dann geheiratet und auch ein Kind bekommen. Anfangs war ich ihm auch treu, aber man hat ja auch manchmal so bestimmte Phantasien, die man dann mit dem Partner nicht so ausleben kann. Zwar habe ich mit ihm darüber geredet, aber das hat nichts gebracht, weil er dann doch nichts ändern wollte. Irgendwann hat er aber selbst mal gesagt: »Weißt du was, ich würde gern mal mit dir in einen Swingerclub gehen.« Er hatte aber nicht damit gerechnet, daß ich gleich darauf anspringen würde. Wir haben das dann eine Weile vor uns hergeschoben, weil wir uns das dann doch erst mal nicht getraut haben, wir hatten ja auch keine richtige Vorstellung von so einem Club.

Ich habe noch einen Bekannten, den kenne ich schon seit vierzehn Jahren. Allerdings lief im Bett mit ihm lange Zeit überhaupt nichts. Dann hatte sich das aber so entwickelt, daß wir dann doch wieder mehr voneinander wollten, aber es ging nicht, weil wir beide verheiratet sind. Ja und dann haben wir hin und her überlegt und sind dann auf diesen Swingerlub gekommen. Und als ich im Urlaub war, hat er den Club ausgetestet, und meinte, das wäre genau so nach meinem Geschmack, der ist super, schön klein, familiär, da würde ich mich sicher auch wohlfühlen, laß uns doch da mal hingehen. Ich war dann aber doch nicht mit ihm dort, sondern doch zuerst mit meinem Mann. Und das dann auch zweimal. Allerdings war ich damals nicht gewieft genug, um mich praktischerweise gleich auch mit meinem Bekannten dort zu treffen. Ich fand es dort sehr scharf und sehr anregend, allerdings war an den beiden Abenden sehr wenig los, so waren wir am ersten Abend auch nur zu zweit miteinander beschäftigt. Am zweiten Abend kam dann noch ein weiterer Mann mit dazu, andere Frauen oder Paare waren ja nicht da. Ich hab mich an den anderen Mann sehr vorsichtig herangetastet, hab erst meinen Mann gefragt, und der hat mir dann auch sein Okay gegeben. Uns hat das unheimlich geil gemacht, das hat noch Tage später nachgewirkt, aber irgendwie haben wir dann doch nicht mehr den Dreh gekriegt, zusammen dahin zu gehen. Erschwerend kam noch dazu, daß wir ja immer einen Babysitter brauchten, und es war auch nicht immer so leicht, dann jemanden zu finden. Dadurch sind wir dann davon wieder abgekommen, haben auch gar nicht mehr darüber gesprochen, bis ich dann nach einer Weile wieder auf die Idee kam, und sagte, daß ich gern wieder mal in den Club möchte. Ich meine, es ist eigentlich was ganz Normales, Natürliches und es wird so totgeschwiegen, ich finde es schade, daß man sich darüber in der Öffentlichkeit nicht so unterhalten kann. Und aus den Reaktionen meines Mannes habe ich geschlossen, daß er das eigentlich selbst gar nicht mehr will, daß er es wenn, dann nur mir zuliebe machen würde. Das wollte ich aber nicht, es macht ja dann auch keinen Sinn. Vielleicht weil keine anderen Frauen da waren und dann die Eifersucht bei ihm zu sehr hoch kommen würde, wenn ich mit anderen Männern zusammen bin, und da dachte ich, nee, dann laß es mal lieber.

Ja, und dann habe ich mich ab und an mal wieder mit dem Bekannten getroffen, und bin dann mit ihm in den Swingerclub gegangen. Von da an sehr regelmäßig. Aber da er Wechseldienste hatte, hatte er nicht so oft Zeit, und ich bin dann eben allein dahin gegangen. Das hat mir tierisch viel Spaß gemacht, ich kam immer gut drauf, und wenn ich nach Hause ging, war die Sache gegessen. Ich war gut gelaunt, hatte aber auch nie ein schlechtes Gewissen meinem Mann gegenüber. Denn das war schon alles heimlich, das durfte er nicht wissen. Es ist dann immer regelmäßiger geworden, auch daß ich allein hingegangen bin, es hat mir einen regelrechten Kick gegeben. Denn früher hatte ich nie so dieses starke Selbstbewußtsein, weil ich nun nicht gerade total schlank bin, aber auch nicht dick, ich bin halt auch etwas rundlicher. Und so habe ich halt gemerkt, wow, die Männer stehen ja gerade darauf und nicht auf diese Supermodel-Typen, sondern eben auch auf meine Figur, wo sie auch was zum Anfassen haben. Vor allem konnte ich da auch diese Sachen machen, die ich vorher nicht realisieren konnte: Anal, Sandwich oder auch mal zwei Männer gleichzeitig. Ja, das hat mir halt unheimlich gefallen.

Eines Tages ist die Ursula auch in den Club gekommen. Ich hab mich mit ihr auch ein bißchen angefreundet, und wir sind mit unseren Männern und Kindern mal ein paar Tage zusammen im Wohnmobil verreist. Ich habe mich dann näher mit Ursula unterhalten. Da sind wir dann auf die Idee gekommen, warum sollten wir mit unserem Vergnügen nicht auch Geld verdienen? Nur, keine von uns hätte sich allein getraut, damit anzufangen. Wir waren doch erst mal unbeholfen und wußten nicht so recht, wie wir das anfangen sollten. Dann haben wir uns aber schließlich zusammengesetzt und überlegt, wie wir das machen könnten. Ursula hat mir dann gebeichtet: »Hör mal, das darf aber keiner wissen, ich bin da im Swingerclub angestellt. Die bezahlen mich dafür, daß ich da bin.« An und für sich, oder offiziell, legen die Clubbesitzer immer großen Wert darauf, daß man als Frau privat da ist, unbezahlt. Ich hab das auch immer geglaubt, aber ich denke, ich war die einzige, die so naiv war. Ich hab mich aber schon gewundert, daß die Chefin mich abends immer mal zum Essen eingeladen oder mir immer mal was für das Kind zugesteckt hat. Und die Ursula erzählte mir dann, daß fast alle einzelnen Frauen irgendwie angestellt waren. Ich war da wohl die große Ausnahme. Und daraufhin war dann die Clubbesitzerin so dreist, einer der bezahlten Frauen zu sagen, hör mal, du brauchst jetzt nicht mehr zu kommen, die Anna kommt ja immer. Die wollte sich offenbar das Geld sparen, weil ich das ja umsonst gemacht habe. Aber da wurde ich doch etwas fuchtig, denn das laß ich nicht mit mir machen, das ist ja Verarscherei ohne Ende. Ich hab mir dann eine »Happy Weekend« geholt und fand dann eine Anzeige von ihr, daß sie Damen sucht. Daraufhin hab ich sie dann angesprochen und gefragt, ob sie jetzt Frauen wie mich einstellen würde. »Nein«, meinte sie, »ich suche nur Thekenkräfte«. »Ach so,« meinte ich, »dann ist es ja gut, ich hab nämlich deine Anzeige gesehen.« Aber so blöd war ich nicht, zu glauben, daß sie ausgerechnet in der »Happy Weekend« nach reinen Thekenkräften sucht. Plötzlich tauchten dann auch immer wieder neue Frauen auf, was normalerweise nicht der Fall war, und an den Tagen, an denen ich da war, war ich dann mit zehn Männern allein, das war dann auch nicht mehr so angenehm.

Eines Tages hat mich mal einer der Männer, die immer in den Club kamen, hinterher abgefangen und mich gefragt, ob wir uns nicht mal separat treffen könnten. Ich meinte: »Nein, das mach ich grundsätzlich nicht.« Er war aber hartnäckig und meinte, das wäre ihm im Club auf Dauer zu teuer, er suche einfach so was für nebenbei. Ich hab mich dann doch drauf eingelassen, weil es mir auch

Spaß gemacht hat. Aber ohne Geld. Ich bin dann mit ihm mal in einen anderen Club gegangen, als Pärchen zahlt man ja weniger, als wenn man allein als Mann dahin geht, und dieser Club hat mir sehr gut gefallen.

Ja, und dann wurde mir meine Arbeitsstelle gekündigt. Ich bin ja bis jetzt als Bürokauffrau in der Autobranche tätig, und nun brauchte ich ja wieder eine Möglichkeit, um an Geld zu kommen. Ich hätte ja bei meinem Arbeitgeber bleiben können, wenn ich bereit gewesen wäre, in den Verkauf zu gehen, aber da muß man sehr flexibel sein, was den Einsatz betrifft, und das geht einfach nicht mit einem kleinen Kind. Ich denke auch, daß mir der Verkauf überhaupt nicht liegt. Da dachte ich, naja, versuch ich es doch am besten mit dem, was mir Spaß macht. Ursula hat dann im Internet herumgeschaut, dann hatten wir uns ein paar Typen ausgesucht, bei denen wir uns als Swingerclubbegleitung angeboten haben, die sollten uns dann hinterher bezahlen. Das haben wir einmal gemacht und uns dann aber gedacht, das kann es auch nicht sein. Dann müssen wir ja sämtliche Clubs abgrasen, sonst kriegen wir noch Schwierigkeiten mit den Besitzern, wenn wir ständig mit anderen Männern kommen. Das schien uns dann auch alles zu kompliziert. Zu den Typen ins Hotel oder nach Hause zu gehen, war uns aber zu gefährlich. Irgendwann wurde es mir zu bunt, dann habe ich mir noch mal die »Happy Weekend« genommen und auf eine Annonce geschrieben, wo ein Mann »Taschengeld« angeboten hatte. Und mit dem hab ich ein Date gehabt, der zahlt mir für zwei Stunden hundertünfzig Euro, das ist ja jede Menge Kohle, würd ich mal so sagen, und mit dem treff ich mich jetzt so alle drei Wochen. Ursula hat sich dann beklagt, daß sie in dem Club so schlecht bezahlt wird, daß sie da zum Teil allein für zehn Männer zuständig wäre und dafür bekam sie ganze fünfundachtzig Euro. Das richtete sich dort nach der Zahl der anwesenden Männer pro Frau, für drei Männer gabs wohl fünfzig Euro, also nicht gerade viel. Da hab ich ihr gesagt: »Hör mal, du hast es nicht nötig, dich unter deinem Wert zu verkaufen, anders können wir viel mehr Geld machen, uns muß nur was einfallen.«

Ich bin dann noch mal in einen andern Club gegangen und hab dort erzählt, daß ich jetzt arbeitslos wäre. Ja und da sagten die mir, sie suchten hier immer Frauen. Ich hab dann gefragt, wie es mit der Bezahlung aussieht, und da gab es bis acht Männer hundert Euro, neun bis vierzehn Männer hundertfünfzig Euro, so wird das halt immer gestaffelt. Es wäre auch total viel los, vor allem samstags würde der Bär toben, und dann haben wir dann eben dort angefangen. Mir war schon klar, daß das normalerweise für Sex ziemlich wenig Geld ist, aber da hab ich eben auch Sicherheit. Mir kann im Club nichts passieren, und wenn ich da zweimal die Woche hingehe, dann hab ich das wieder raus, was ich ursprünglich auf Arbeit verdient habe. Darum ging es mir erst mal, daß ich das ausgleichen kann. Nur inzwischen kommen da auch kaum noch Männer hin, und wir wurden zum Teil schon auf halbe Zeit gesetzt, so daß ich dann statt nach sechs Stunden nach drei Stunden gehen durfte. Dann krieg ich auch nur die Hälfte des Geldes. Ja und da haben wir nun überlegt, was wir sonst noch machen könnten.

Ich hab dann zu Ursula gesagt: »Laß uns doch noch mal im Internet schauen, was da so los ist.« Sie hat ihren Freund so weit gekriegt, daß er weiß, daß sie mit mir in einen Club geht, und die gehen wohl auch am Wochenende zusammen in einen Club und bekommen dafür Geld. Aber daß wir das mehr privat aufziehen wollen, das weiß er wohl auch noch nicht. Ich konnte mir auch gar nicht vorstellen, daß man übers Internet so schnell Angebote kriegt, da waren sicher auch einige Spinner dabei. Nur war ich innerlich gar nicht wirklich darauf vorbereitet und dabei hätte ich mich tatsächlich mit einigen Typen treffen können. Das haben wir dann erst mal wieder abgeblasen und haben nur bei Zweien, die es scheinbar so richtig ernst meinten, mal unsere Handynummer angegeben, damit die sich dann per SMS melden, aber das haben die dann nie getan. Ich denke, wir müssen das besser organisieren. Wenn wir mal einen Vormittag Zeit haben, daß wir uns dann an den PC setzen und dann auch gleich Termine machen, wenn sich jemand meldet. Das würde auf jeden Fall gut laufen und ich denke mal, auf die Weise kann man sicher sehr viel mehr Geld machen. Ich denke auch, daß man vielleicht erst mal ein Date macht, ohne Sex, nur zum Kennenlernen, damit man dann nicht noch in falsche Hände gerät. Und wenn die Männer darauf anspringen, daß wir es zu zweit machen, dann machen wir einen Dreier, ansonsten auch einzeln. Jedenfalls wollen wir uns absprechen und uns Bescheid geben, wo jede von uns gerade ist, damit wir auch eine Absicherung haben. Ich denke auch, daß wir Ursulas Freund mit einbeziehen, damit er dann auch immer weiß, wo wir sind. Mein Mann darf das ja nicht wissen.

Neulich stand auch eine Anzeige von einem Dominastudio in der Zeitung, da dachten wir, das klingt ja gut, da brauchen wir die Typen nicht anzufassen und kriegen jede Menge Kohle. Und das könnte ich auch meinem Mann erzählen, denn ich müßte ja mit den Typen nicht ins Bett gehen. Den sexuellen Spaß kann man sich ja dann wieder privat oder im Club holen. Wir sind dann auch da hingegangen, aber da hat uns die Atmosphäre überhaupt nicht gefallen, außerdem mußte man da die Hälfte der Einnahmen an die Chefin abführen.

Erst mal machen wir noch mit dem Swingerclub weiter, auch wenn sich das finanziell nicht lohnt. Also hundert Euro für einen Abend, und dann werden auch noch zehn Euro für die Kondome und für das Essen abgezogen, das muß man sich mal vorstellen! Da bring ich vielleicht dann doch lieber meine eigenen Kondome mit. Aber ich muß halt irgendwie zu Geld kommen. Wenn ich wüßte, daß die Männer auf mich anspringen würden, könnte ich mich an den zwei Abenden in der Woche natürlich auch privat mit Männern treffen, nachdem man sich erst mal kennengelernt hat. Die Männer im Club fragen mich ja auch manchmal, ob sie nicht mit mir mal zu zweit in einen Pärchenclub gehen könnten, aber die wollen ja nur Eintritt sparen, weil es für Paare viel billiger ist und wollen mich nicht noch separat bezahlen.

Eigentlich habe ich mich ganz schön entwickelt, wenn man bedenkt, daß ich mit achtzehn den ersten sexuellen Kontakt hatte und so ganz brav und bieder war. Aber das ging dann alles ganz schnell, ich hatte auch das Gefühl, ich muß noch so einiges nachholen. Ich fühle mich jetzt eigentlich gut dabei. Meinem Mann gegenüber habe ich gar kein schlechtes Gewissen. Er paßt ja immer an den Abenden, an denen ich weg bin, auf das Kind auf. Ich hab ihm einfach gesagt, ich würde bei einer Telefonsexagentur arbeiten, das akzeptiert er. Er glaubt mir alles, was ich ihm erzähle. Und was ich von Fall zu Fall in den Clubs erlebe, das erzähle ich dann so, als hätte ich das in der Flirtline mit Männern in der Phantasie durchgespielt. Den Gedanken, was ich ihm erzähle, wenn er mal dahinterkommt, den verdränge ich ganz schnell, denn da weiß ich nicht, was dann passiert. Ich habe ja versucht, ihm das alles schmackhaft zu machen, hab ihm von Ursula erzählt, daß die in Clubs damit Geld verdient, aber das akzeptiert er überhaupt nicht. Er meint, das könnte er nicht ertragen. Aber nicht, daß ich mich von ihm trennen würde. Nein, ich liebe ihn auf jeden Fall. Sowohl sexuell als auch so, da ist eine tiefe Zuneigung. Eigentlich kann ich mir keinen besseren Mann vorstellen. Wenn er doch nur sexuell freier wäre. Selbstverständlich hätte er dann auch das Recht, mit anderen Frauen Sex zu haben, denn das, was ich mir nehme, das muß ich meinem Partner ja auch zugestehen. Damit hätte ich auch keine Schwierigkeiten. Ursula und ihr Freund, die haben schon wieder was Neues, die wollen sich jetzt bei einer Pornofirma bewerben und mal einen Probedreh machen. Interessanterweise hätte mein Mann in so einem Fall nichts dagegen, denn da könnte er ja dann auch mitmachen. Da sind wir ja beide zusammen, und das andere entwickelt sich dann ja, mit einer anderen Frau für ihn oder einem anderen Mann für mich. Und er weiß auch, daß das dann veröffentlicht wird. Er will offenbar die Kontrolle über sich haben. Vielleicht hat er ja Angst, daß ein anderer »besser« sein könnte als er.

Schön wäre es, wenn ich jetzt mit dieser Hobbyhurensache mehr Erfolg hätte, oder Ursula und mir spontan eine Idee kommt, bei der ich sagen könnte, ja, das ist es, jetzt haben wir endlich das gefunden, was wir wollten, damit können wir genügend Geld machen. Beim Sex komm ich eigentlich voll auf meine Kosten. Ich hoffe nur, daß das dann nicht auf der Strecke bleibt, wenn ich es praktisch nur noch für Geld mache, außerhalb des Clubs. Denn bei den meisten Männern im Club kann ich mich voll hingeben. Und das bestätigen sie mir auch, denn es gibt ja Frauen, die schon länger da sind und da sagen die Männer, daß sie schon merken, die machen das wirklich nur, weil sie dafür Geld kriegen. Dadurch habe ich schon so meine Stammgäste, die dann kommen, wenn ich da bin, weil sie merken, daß ich eben Spaß dran habe. Und ich wünschte, daß mein Mann seine Einstellung ändert, denn für mich wäre es optimal, wenn man sich mit seinem Partner über die Erlebnisse austauschen kann.

»Für mich ist das jetzt ein Job wie jeder andere auch.«

Ursula (32, ehemalige Backwarenverkäuferin)

Ich bin sehr konservativ erzogen worden. Zu Hause wurde sehr wenig über Sexualität gesprochen. Dementsprechend war ich, als ich mit achtzehn heiratete, in meiner ersten Ehe sehr verklemmt. Also Sex nur im Dunkeln, im Schlafzimmer und unter der Bettdecke. Ich hatte auch Hemmungen, mich nackt vor meinem eigenen Ehemann zu zeigen. Diese Ehe, aus der auch eine Tochter hervorgegangen ist, wurde nach sechs Jahren geschieden. Wegen der Schwangerschaft hatte ich auch die Lehre abgebrochen. Mein damaliger Mann hatte damals auch gerade erst ausgelernt, er war Zimmermann. Weil ich so verklemmt war, gab es eben auch die Eheprobleme, denn mein Mann wollte eben gewisse Sachen auch ausprobieren, wozu ich nicht bereit war. Und jeden Tag Sex! Das war für mich ein Unding – gerade zur Haustür rein und schon die Klamotten vom Leibe, das war mit meiner Einstellung in keiner Weise zu verbinden. Sowieso hatte ich nach dem ersten Kind die Meinung, ich brauchte Sex nur, um Kinder zu zeugen. Also, wenn es nach mir gegangen wäre, hätte ich gar keinen Sex mehr haben müssen. Dadurch haben wir uns dann auch auseinandergelebt. Dazu kam, daß wir ja sehr früh geheiratet haben und auch noch andere Meinungsverschiedenheiten dazu kamen. Am Ende dieser Ehe hatte ich dann allerdings auch eine andere Beziehung, bin also fremd gegangen. Mit diesem Mann hatte ich erstmals die Erfahrung gemacht, daß Sex auch sehr viel Spaß machen und erotisch sein kann. Zumal es heimliche Treffen waren – es konnte also nicht zu Hause im Bett stattfinden: Da hab' ich dann meine ersten Erfahrungen im Auto, in der Scheune, auf einem Feldweg gemacht. Ich kannte den Mann schon längere Zeit, er war mein KFZ-Mechaniker, er war der Mann einer Freundin und ich hab' ihn anfangs immer von mir fern gehalten – »niemals mal was mit einem Mann von einer Freundin«, so nach dem Motto. Mehrere Jahre haben wir zusammen am Auto geschraubt, da ist nie was passiert, bis dann irgendwann mal der Funke übersprang. Schließlich waren dann die Hemmungen auch weg. Und es war dann auch egal, wo es stattfand. Man hat sich dann einfach gar keine Gedanken mehr drüber gemacht. Zum ersten Mal hatte ich richtig sexuelle Lust erlebt. Da war dann alles egal, selbst daß wir hätten erwischt werden können.

Als die Ehe getrennt wurde, ging aber auch diese Beziehung kaputt. Da habe ich dann eher die Erfahrung gemacht, daß man von Männern auch gern benutzt wird, denn für diesen Bekannten war ich nur Lückenbüßerin, weil seine Frau schwanger war und keinen Sex in der Zeit wollte. Das hat mir einen ziemlichen Tiefschlag versetzt und hat meine Lust am Sex erst mal wieder lahm gelegt. Ich habe dann jemanden kennengelernt, der zehn Jahre älter war als ich. Der hatte sich sexuell schon ziemlich ausgetobt, war erfahren und hatte Kontakte zum Rotlichtmilieu, wo er als Türsteher arbeitete. Dementsprechend wollte er natürlich auch Sachen ausprobieren, von denen ich noch nie gehört hatte. Mit diesem Mann habe ich dann mit sechsundzwanzig zum ersten Mal meine Sexualität so richtig erleben und ausleben können. Nach einem Jahr habe ich den dann auch geheiratet. Er hat mich aber nie dazu angehalten, in einem Bordell zu arbeiten, denn er war äußerst eifersüchtig. Damals hatte ich aber schon das Gefühl, ich möchte mal Sex mit mehreren Männern haben, aber er war so eifersüchtig, daß er schon ausflippte, wenn ich mal im Internet mit einem anderen Kerl gechattet hatte. Nur, nachdem das zweite Kind da war und wir ein Haus gekauft hatten, kam es zu finanziellen Problemen und ich habe einen Job angenommen, bei einer Flirtline im Internet. Das ging wegen seiner Eifersucht aber nur drei Wochen gut, und in diesem Chat konnte ich dann mal meine eigenen sexuellen Phantasien ausleben. Ich hatte immer Probleme, über meine Wünsche beim Sex zu reden. Wahrscheinlich durch meine Erziehung. Egal, mit welchen Männern ich zusammen war. Wenn der Mann gesagt hat, das und das will er ausprobieren, war das okay, aber ich habe nie gesagt, was ich möchte. In diesen Chats war das nun anders, da konnte ich ausdrücken, was ich wollte.

Wegen dieser extremen Eifersucht ging die Ehe auch nach drei Jahren kaputt. Und dann habe ich angefangen, meine Sexualität von mir aus auszuleben. Das heißt, ich bin nach der Trennung vom Dorf weg in eine Großstadt gezogen, dazu gleich mehr. Und ich hatte dann auch wieder einen neuen Freund. Ich hörte dann von Swingerclubs und wollte das mal ausprobieren, bloß der wollte nicht mitmachen. Jetzt war ich aber soweit, daß ich mir sagte, Schluß jetzt, ich hab' mich immer nur nach den Männern gerichtet, jetzt mach ich mal, was ich möchte. Ich bin dann auch mal allein in einen Swingerclub gegangen. Da habe ich dann auch angefangen zu arbeiten. Denn das Geld war plötzlich sehr knapp. Und das kam so: Gelernt habe ich ursprünglich Bäckereifachverkäuferin, verzögert, weil ich die erste Lehre wegen dem ersten Kind abgebrochen habe. Ich habe dann mit vierundzwanzig noch mal angefangen und das dann auch abgeschlossen als Innungsbeste. Dann hab' ich zwei Jahre als Fillialleiterin gearbeitet. Im Zusammenhang mit dem Umzug in die Großstadt habe ich den Job aufgegeben, und ich wollte aber auch wegen der Kinder nicht mehr in dem Beruf arbeiten. Denn morgens um sechs Uhr im Laden zu stehen, das war für eine alleinerziehende Mutter nicht machbar, weil die Kindergärten erst später aufmachen. Außerdem hatte ich eine feste Jobzusage von einem Beerdigungsinstitut, wo ich auch eine Wohnung kriegen sollte, Hund und Kinder dürften da auch mal mit hin, kein Problem. Das wäre für mich ein idealer Job gewesen. Ich bin dann im Dezember umgezogen, im Glauben, ich hätte eine neue Stelle ab Januar, aber der Typ von dem Institut war nicht mehr erreichbar, und so stand ich am 2. Januar da und wußte nicht mehr, wie ich meine Miete bezahlen sollte. Da war ich nun in einer fremden Stadt mit zwei Kindern, wußte nicht mehr, was Sache ist und bekam richtig Panik. Mich arbeitslos zu melden, auf die Idee bin ich gar nicht gekommen, ich wollte nie zu Lasten anderer leben, und außerdem hatte ich ja kaum Anspruch auf Arbeitslosengeld. Und das dauert ja auch alles mit den Anträgen, ich brauchte ja im Prinzip sofort Geld. Dann fand ich die Anzeige von diesem Club, daß die Damen suchen. Ich hab' dann erst tierisch Schiß gehabt, da überhaupt anzurufen, mich mit dieser Chefin zu treffen, aber irgendwann hab' ich das dann doch gemacht. Das erste Treffen hat in einem Café stattgefunden, weil ich noch nicht zu ihr in den Club wollte, denn mir war das am Anfang sehr unangenehm. Sie sagte dann einfach, worum es ging. Es wäre ein Swingerclub, ich dürfte niemals sagen, daß ich da arbeite, ich würde da offiziell immer privat hinkommen und dürfe auch niemandem erzählen, was ich verdienen würde. Man bekam also dreißig Euro pauschal, auch wenn keine Männer da waren, bei drei Männern gab es fünfzig Euro, und so weiter. Für mich war das viel Geld Anfang des Jahres, vor allen Dingen, weil man das bar am Abend auf die Hand bekam. Und weil ich ja große finanzielle Problem hatte, teilweise nicht wußte, was ich einkaufen sollte, war ich natürlich froh darüber, so zirka fünfzig Euro pro Abend zu bekommen.

Am Anfang hatte ich extreme Hemmungen, dahin zu gehen. Den ersten Termin hab' ich einfach wieder abgesagt, beim zweiten Mal bin ich am Club erst vorbeigefahren und stand dann mit zitternden Knien da, als ich klingeln wollte. Aber dann sagte ich mir doch, jetzt mußt du rein und hab's dann doch gepackt. Im ersten Moment hab' ich natürlich auch Hemmungen gehabt, mich da einfach in ein Handtuch gewickelt an die Theke zu setzen. Ich hatte aber Glück. An dem Abend kam ein Pärchen, die Anna mit ihrem Lover und ein älterer Herr, der auch ganz sympathisch war, und die haben es mir relativ einfach gemacht. Allerdings hab' ich mich die ganze Zeit auch damit abgelenkt, daß ich an das Geld gedacht habe und daß ich morgen wieder in Ruhe für die Kinder was zu essen kaufen kann. Ich hab dann zwei -, dreimal in der Woche in dem Club gearbeitet. Die ersten Male habe ich dabei kaum Lust erlebt. Ich hab mich schon gefragt, was mache ich hier eigentlich? Aber die Zweifel habe ich abgeschaltet mit dem Gedanken, da mußt du jetzt durch, du kannst dann morgen wieder für die Kinder einkaufen. Nach diesen ersten Abenden kam dann auch langsam die Lust. Je nachdem, was das für ein Mann ist, kann es auch passieren, daß ich dabei richtig Spaß hab'. Kommt halt immer auf den Typ an, wie er sich benimmt, ob es mein »Typ Mann« ist. Dann kann es auch etwas sehr Erotisches sein. Sehr reizvoll war es, als ich das erste Mal mit drei Männern gleichzeitig zusammen war. Denn das war immer so ein geheimer sexueller Wunsch von mir. Und das hab' ich dann natürlich auch genossen, zumal das drei Typen waren, die mir auch sowieso gefielen. Dann ist das für mich sowieso was ganz anderes. In dem Club hatte ich auch erste, schüchterne Erfahrungen mit einer Frau, obwohl ich immer gesagt hatte, das kommt für mich gar nicht in Frage. Wo ich doch früher sogar recht aggressiv drauf reagiert habe, wenn ich auch nur das Gefühl hatte, daß eine Frau sich mir annähern wollte. Das machte mir in dem Club aber erstaunlicherweise nicht so viel aus.

Die erste Zeit hab ich heimlich in dem Club gearbeitet, also mein Freund wußte nichts davon. Offiziell war ich in einer Flirtline tätig, so wie Anna es ihrem Mann auch erzählt hat. Nur mit der Zeit wurde er dann mißtrauisch, weil ich mich vorher ja immer fertig machen mußte, schminken, intim rasieren, vernünftige Klamotten anziehen und so. Da hab ich ihn dann so langsam in Richtung Clubbesuche, erst mal ganz privat, geschubst. Mein Freund ist ohnehin Porno-Fan, und ich hab' halt dann den Wunsch geäußert, ich möchte mal so einen Swingerclub ausprobieren. Im Internet hab' ich dann so Swingerclubs mal herausgesucht und ihm das schmackhaft gemacht. »Ja«, meinte er dann, »laß uns das mal ausprobieren.« Und das klappte dann auch super. Irgendwann hab ich ihm dann beigebracht, Mensch, die zahlen eine Menge Geld, wenn wir da zusammen offiziell hingehen, ich hab' da was gehört, daß die Frauen und manchmal auch Paare bezahlen. Ich hab dann einen Club in W. gefunden, der Pärchen einstellte. Da haben wir uns dann beworben und haben das am Anfang auch zusammen gemacht. Er hat aber nicht erfahren, daß ich schon vorher im Club gearbeitet habe. Wir hatten dann aber Streit mit dem Besitzer, und das hatte sich dann dort erledigt. Irgendwann hab' ich ihm dann gesagt, daß ich eine Stelle in einem Club allein hab', daß die Anna da auch hingehen würde und daß die ganz gut zahlen. Er hat das dann akzeptiert, obwohl ich weiß, daß es ihm doch nicht so leicht fällt. Aber er unternimmt nichts dagegen, unter der Voraussetzung, daß wir auch zusammen mal in den Club gehen. Ich bin dann in der Woche zwei-, dreimal in den Club gefahren, wobei er mich dann brav hinfährt und abholt, und am Wochenende sind wir dann zusammen hingegangen. Er weiß halt immer noch nicht, daß ich allein und schon vorher im Club gearbeitet habe und auch nicht, daß ich mir mit der Anna jetzt auch Freier aus dem Internet suche. Das mache ich also auch noch nebenbei, wenn es in dem Club nicht so gut läuft, denn der Verdienst da ist ja davon abhängig, wieviel Männer an dem Abend dorthin kommen.

Im Club ist es so, daß ich mir die Männer nicht aussuchen kann. Die bezahlten Frauen haben dafür Sorge zu tragen, daß jeder Mann befriedigt den Club verläßt. Das heißt, wir haben auf die Männer zuzugehen, denn die meisten sind verklemmt, die gehen da hin und trauen sich nicht, die Frauen anzusprechen. Wir spielen im Prinzip den Alleinunterhalter. Für mich ist das ein verkappter Puff. Wegen der Steuer und der Anmeldung und so weiter wird es als Partytreff ausgeschrieben, aber wir sind ganz klar dazu angehalten, die Männer »auf die Matte zu ziehen«. Und es gibt dafür nicht annähernd so viel Geld, wie in einem Bordell. Die meisten Männer zahlen eben ihren Eintritt und wollen dann am liebsten mit jedem Mädchen Sex haben, auch wenn sie das natürlich nicht schaffen. Aber die gehen dann wirklich von einer zur anderen. Teilweise auch vier oder fünfmal hintereinander und sie haben natürlich auch rausgekriegt, daß das wesentlich billiger ist, als in einem Bordell, und sie aber dafür teilweise noch eine bessere Leistung kriegen. Die werden bei uns massiert, können kuscheln, können alles machen, wie im Bordell, zahlen aber nur einmal Eintritt, fünfundsiebzig bis hundert Euro, je nachdem an welchem Abend sie da sind. Sie können sich dann fünf Stunden mit den Mädchen so oft und solange sie wollen amüsieren. Wir machen damit im Prinzip den Bordellen und den privaten Nutten extreme und ungeliebte Konkurrenz. Weil es halt einfach billiger ist. Und man merkt den Männern auch an, ob sie es als Ersatz für ein Bordell nehmen oder ob sie denken, dies ist ein Partytreff, und wir sind private Frauen. Das heißt aber nun nicht, daß ich mich deswegen nun völlig wie eine professionelle Prostituierte sehe. Denn die fertigen einfach ab, das habe ich mal mitgekriegt, als wir in einem Club waren, wo der Chef sich Frauen aus einem FKK-Club geholt hat, weil mehr Bedarf war. Die Profis haben natürlich genossen, daß sie etwas wählerischer sein konnten, was ja in dem Club, wo wir als Pärchen waren, schon eher möglich war. Und die haben das dann voll ausgenutzt und sich immer die knackigen, jungen netten Männer genommen. Deshalb hatte ich mich da auch mit dem Besitzer angelegt. Die Prostituierten haben dann eben einfach abgefertigt, wenn ihnen der Mann nicht so gut gefiel. Wenn »normale« Pärchen kommen und merken, daß da Professionelle sind, dann kommen die auch nicht wieder. Aber teilweise sind die auch sehr blauäugig. Wenn Pärchen kommen, dürfen wir auch gar nicht so rangehen. Die zahlen ja auch weniger Eintritt. Solange die Frau sich nur mit ihrem eigenen Partner beschäftigt, haben wir ganz klar die Anweisung, Zurückhaltung zu üben.

Für mich ist das jetzt ein Job wie jeder andere auch, auch wenn es mir mit dem einen oder anderen Mann durchaus Spaß macht. Ich geh' da hin, mach' meine Arbeit, so gut wie ich es kann, und dann geh' ich nach Haus. Und ich bringe da eigentlich auch keine Gefühle ein. Das ist wie eine Masseurin, die ihren Kunden durchknetet und dabei auch keine sexuelle Erregung empfindet. Ich täusche die dann eben vor – das ist ein Job, damit verdiene ich mein

Geld. Ich könnte auch in einem Bordell arbeiten, aber ich habe Angst vor den Zuhältern und Bordellbesitzern und daß ich durch die Kinder erpreßbar bin. Durch meinen Ex-Mann weiß ich eben gewisse Sachen, mit denen er nichts mehr zu tun haben wollte. Ich hab' einfach Angst, komplett von jemandem abhängig zu werden und daß ich dann in eine Ecke gedrängt werde, wo ich nicht rein will. Drogen, Alkohol und Schläge, wenn es nicht so läuft, wie es laufen soll. Deshalb versuche ich mich von dieser Szene fernzuhalten. Ich hab' immer gesagt, ich laß mich auf gar keinen Fall von einem Mann schlagen. Im Internet habe ich natürlich auch Angebote von Clubbesitzern gekriegt, wobei einem da viele sagen, ich wäre mit zweiunddreißig schon zu alt. Also, wenn ich was mache, dann auf eigene Verantwortung. Ich bin natürlich froh, daß mein Freund Bescheid weiß, und daß ich ihn als Schutzschild im Rücken habe. Wobei es in dem Club nicht so abläuft, wie in einem Bordell. Wir sind da nicht gemeldet, ich kann von heute auf morgen aufhören, die haben keine Adressen von den Frauen, die haben nur meine Handynummer, das war's. Im Bordell muß ich wirklich offiziell arbeiten, muß zum Gesundheitsamt, mir einen Gesundheitspaß ausstellen lassen und so weiter, und das wird mir dann wieder zu offiziell. Beim Club krieg ich abends die Kohle auf die Hand, da weiß der Fiskus und die Ämter nichts von, ich werde nirgendwo geführt, weil das ein Partytreff ist. Oder auch eine Geldwaschanlage, aber da bin ich so abgezockt, das ist mir scheißegal. Ich hab versucht, mit meinen Kindern auf die ehrliche Art und Weise zu leben, ich bin trotzdem immer auf Kosten der Kinder arbeiten gegangen, ich habe sie in die Tagesstätte und sonstwo hingegeben, ich hatte, als es uns so schlecht ging wegen dem Haus, sechzehn Stunden am Tag gearbeitet, morgens in der Bäckerei und ab mittags Taxi gefahren, das hat kein Schwein interessiert, keiner hat uns irgendwie geholfen. Ich hab versucht Wohngeld zu kriegen, und irgendwann hab ich mir gesagt, jetzt ist Feierabend, jetzt kümmere ich mich erst mal um meine Kinder, ich beantrage Sozialhilfe. Das machen viele andere auch, kommen damit seit Jahren durch, weil sie keinen Bock haben zu arbeiten, und ich sag mir jetzt, gut, wenn die Ämter das so lieber haben, dann geh ich jetzt eben nicht mehr arbeiten, kümmere mich um die Kinder und arbeite schwarz nebenbei. Allerdings werde ich das auch nicht mein Leben lang so machen. Wegen den Kindern würde ich auch jetzt nicht in einer Bäckerei arbeiten. Auch wenn ich ein Angebot bekäme. Zumindest bis sie in die Schule kommen, werde ich stur zu Hause bleiben. Dann kann ich wieder einen Halbtagsjob annehmen.

Mir geht's aber im Unterschied zu den Professionellen, die ich kenne, schon darum, dem Mann was Gutes zu tun. Denn den meisten geht es doch nur ums Abfertigen, Kohle kassieren, der nächste bitte. Ich will meinen Job gut machen, mit Herz. Die Männer werden dann auch mal massiert, so wie jeder das auch haben will, und ich will eben auch ein bißchen Spaß dran haben. Ich seh mich da nicht als ein Stück Fleisch, Beine breit, der macht da sein Geschäft und das war's, sondern ich mache es immer so, daß es mir auch gefällt. Es ist zwar nicht so, daß ich jedes mal zum Orgasmus komme. Aber wenigstens so, daß ich damit gut leben kann. Wenn ich mich nur noch wie ein Stück Fleisch fühle, dann ist es soweit, daß ich sage: »Das war's.«

Schön wäre es, wenn manche Männer die Frauen nicht nur als sexuelles Objekt sehen, sondern als Person, die auch Wünsche und Gefühle hat. Wobei die meisten der Clubbesucher vom Partytreff schon bemüht sind, daß die Frauen auch ihren Spaß haben. Das merkt man dann schon, besonders bei den Stammkunden. Irgendwann möchte ich es aber finanziell so weit gebracht haben, daß ich den Job wieder sein lassen kann und nur noch privat mit meinem Freund in den Club gehe. Mit der Anna hab ich jetzt ein Appartement angemietet, unter dem Namen meines Freundes, und da werde ich mit ihr zusammen arbeiten und unsere Privatgäste treffen.

Mit meinem Freund haben wir schon Kontakte wegen dem Pornodrehen aufgenommen, da verdient man ja auch nicht schlecht. Aber das ist noch nicht so weit, da muß man ja Fotos machen, Bewerbung schreiben, aber dazu sind wir noch nicht gekommen.

»Ich bezeichne mich lieber als Kurtisane.«

Frieda (38, freiberufliche Masseurin)

Ich bin in der Nähe von Mainz aufgewachsen und bin, was Sexualität betrifft, so eine Art »spätes Pflänzchen«. Komme aus ganz bürgerlich-konservativen Verhältnissen, bin katholisch erzogen worden, und hatte da von Sex nicht viel mitgekriegt. Ich habe noch drei Geschwister, zwei Schwestern, eine ältere, eine jüngere und einen Bruder und bin also die Dritte in dieser Viererreihe. Mit vierzehn wollte ich viel lieber mit Pferden zusammen sein, als mit den »blöden Jungs«. Zum ersten Mal war ich dann mit zweiundzwanzig mit einem Mann zusammen. Dieses erste Erlebnis war sehr vorsichtig, sehr achtsam und dauerte Stunden. Danach hatte ich natürlich häufiger Sex als nur alle zweiundzwanzig Jahre, aber natürlich noch sehr zurückhaltend, weil ich noch nicht so recht wußte wie. Es gab für mich sehr viele Tabus, was ich nicht tun oder denken durfte. Mit der Zeit stand ich aber immer mehr dazu, daß ich ein sinnliches, erotisches Wesen bin, trotz Figurproblemen. Richtig zur Sexualität kam ich erst mit vierunddreißig, als ich auch ein Ziel hatte, über das Tantra.

Bis dahin hatte ich mich zwar mit Freude und auch mit Spaß durch die Erotik »durchgemogelt«, hab' sie gern ausgelebt, aber hatte nicht so viel Kontakte wie jetzt. Da kam es schon vor, daß mal monatelang Stille war, ich hatte wenig feste Beziehungen, nur mal für ein paar Wochen. Die längste Beziehung war die zum Vater meiner Kinder, das waren vier Jahre, mit dem habe ich auch zusammengelebt.

Dann gab es wieder One-Night-Stands oder es war für eine Weile Ruhe. Die längste Zeit ohne Kontakte zu Männern dauerte zwei Jahre. Das war mal eine Zeit, mit vierundzwanzig, da stand der Sex überhaupt nicht im Vordergrund, warum, kann ich heute gar nicht mehr so genau sagen.

Ich habe Abitur gemacht, habe mich beworben für Tiermedizin, für Krankengymnastik und für Hebamme. Und hab' aber in all diesen Bereichen nichts gefunden, so daß ich als Bäckerin anfing zu jobben. In einer Vollkornbäckerei, so was »Alternatives«, das war schon mein Ding. Ich habe dann in dieser Branche einen Gesellenbrief gemacht, hab eine eigene Vollkornbäckerei im »Kollektivbetrieb« gehabt. Aber ich war zu jung, um mich in der Hackordnung eines solchen Chaos auf Dauer durchzusetzen und habe den Betrieb dann aufgegeben. Ich bin dann aber immer im Naturkost- und Bäckereibereich »getingelt« und war dadurch auch immer mit Esoterik, Spiritualität und ganzheitlicher Lebensweise beschäftigt. Denn das war ja so eine Szene, in der das übliche Themen waren.

Daß ich Sexualität so hoch schätze, ist erst später mit dem Tantra gekommen. Vorher war das eben eine Begleiterscheinung, die ganz nett und lustvoll ist, aber nicht so den Hauptschwerpunkt des Lebens darstellt. Mit dem Tantra hat sich das sehr verändert: Sex ist für mich lustvoll und leidenschaftlich geworden. Seit ich meine Sexualität mehr annehme, integriere und in den Vordergrund stelle, ist das ganze Leben bereinigt von Betulichkeit und hat etwas Erdiges bekommen, ohne der Spiritualität zu entbehren. Also, man könnte sagen – ich habe meine Wurzeln tief im Boden und meine Krone breitet sich sozusagen in den Himmel aus.

Ich war auch mal verheiratet, aber mit dem Mann hatte ich nie Sex. Den hatte ich auf einem Wochenendseminar kennengelernt. Er hatte mich mit seiner Stimme fasziniert, spielte Gitarre und sang, und ich hab einfach mitgesungen. Er sang genauso laut und kräftig weiter, ohne sich hinter meiner Stimme zu verstecken. Imponiert hat mir auch, daß er sehr meditativ war, und daß er mir nicht gleich an die Titten ging. Aber daß er mir dann nie an die Titten ging, hat mich natürlich nicht fasziniert. Das hat letztendlich dann auch zur Trennung geführt, weil ich innerhalb der Ehe wie eine Nonne lebte. Auch wenn ich mich nie klar für Monogamie entschieden hatte, machte die Ehe so keinen Sinn.

Mittlerweile ist für mich ganz klar, daß ich immer mir selbst treu bleibe und niemals mehr im bürgerlichen Sinne eine »Treue« einhalte. Mir selbst treu zu bleiben heißt »freie Liebe«, in dem Sinne, wie ich es verstehe, nämlich wirklich Freiheit, kein Zwang zur Promiskuität und kein Zwang zur Monogamie. Ich würde in einer festen Beziehung meine Kontakte und Freundschaften zu anderen Männern immer beibehalten wollen. Nur hat die Hauptbeziehung dann eben ganz klar die Priorität. Das ist so ein Stückchen freie Liebe. Die Option, jederzeit mit jedem auch körperlich in Kontakt sein zu können und die schönsten Höhenflüge zu erleben, die brauche ich und will ich einfach haben. Aber ich habe erst eine Beziehung unter diesem Leitgedanken gelebt, nur mir fehlte dann von seiner Seite aus die Tiefe. Tiefe und Verbindlichkeit wie in einer monogamen Beziehung sind für mich kein Widerspruch zur freien Liebe. Ich möchte das alles haben und ich glaube auch, daß das möglich ist. Es gab da einfach einen Punkt in der Beziehung zu diesem Mann, da spürte ich, da muß es jetzt tiefer werden, wenn es eine richtige partnerschaftliche Beziehung sein soll. An diesem Punkt rangelten wir eine Weile miteinander herum, aber dann trennten wir uns. Wir hatten ein sehr schönes, klares Gespräch, wir haben auch noch Kontakt zueinander, aber es ist für mich klar, daß er kein Partner ist, mit dem ich die freie Liebe in einer Partnerschaft leben kann.

Diese Lust auf Freiheit ist eine ganz folgerichtige Entwicklung, weil ich immer mehr meiner Neigung zu folgen begonnen hatte und mir immer mehr selbst und meiner Lebensliebe und Lebenslust treu wurde. Ich kenne nämlich auch die Situation, einen interessanten Mann zu treffen und dann innerlich zu denken: »Nein, ich bin ja bereits vergeben«, und ich hätte mir dann anschließend »in den Hintern beißen können«, weil ich ja inzwischen denke, daß ich jedwedes Pflänzchen von Lust und Leidenschaft, das sich bei mir zeigt, hegen und pflegen möchte. Ich möchte das niemals ersticken, nur weil ich ja bereits in einer Beziehung bin. Da treffen sich meine Gedanken mit tantrischen Ideen und denen von Gruppierungen, die sich mit der freien Liebe auseinandersetzen. Die Idee, mit Tantra zu beginnen, geisterte schon seit Jahren im meinem Kopf herum, und ich war aber aus Zeit- und Geldgründen nie dazu gekommen, an einem Seminar teilzunehmen. Irgendwann hatte ich dann eine Annonce in eine Zeitung gesetzt und wollte eine »Kuschelgruppe« gründen, also einfach ein Gruppe, in der es um Körperkontakt geht, gar nicht mal primär um Sex. Daraufhin meldeten sich leider nur Männer, obwohl ich lieber eine gemischte Gruppe gehabt hätte. Einer von den Männern meinte dann: »Dich könnte ich mir gut als Tantralehrerin vorstellen.« Diesen Impuls habe ich aufgegriffen und habe verschiedene Schulen angeschrieben und bin dann bei einer in Berlin und einer in Frankfurt gelandet, wo ich auch die Ausbildung gemacht habe. Ich habe mich letztlich für die Frankfurter Schule entschieden, die von einer Frau geleitet wird, und habe diese Entscheidung nicht bereut, wobei ich die spannendere Begegnung in Berlin hatte, wo ich in einer Silvester-Celebration wirklich das Gefühl hatte, ich komme als Fremde in eine gewachsene Gruppe und bin nicht nur voll akzeptiert, sondern richtig erwünscht, willkommen, begeistert aufgenommen. Und das fand ich total klasse! So was hatte ich noch nie in einer solchen Intensität und so bewußt erlebt. Es war kein bißchen unecht. Und ich traue, was das betrifft, auch mehr und mehr meiner Intuition. Das hat einfach mit meiner Entwicklung im Tantra, in einer Jahresgruppe, in der Assistenz zu tun, und mit der Beschäftigung mit meiner Persönlichkeit, so daß ich mehr und mehr weiß, was ich will, meiner Intuition auch trauen kann und souverän bin. Ich meine, ich habe auch schon erlebt, daß Männer davor dann etwas Angst hatten, die sind dann einfach nicht zu einem verabredeten Date gekommen und ich wußte nicht warum. Wobei ich aber keine Dampfwalze bin, denn ich bin schon sehr achtsam und empfindsam, was so das feine Spiel zwischen mir und meinem Gegenüber anbelangt. Durch das Tantra hat sich mein berufliches Feld auch verlagert. Ich jobbe zwar noch in Bäckereien, aber mache mehr und mehr Tantra-Massage, aber auch Reiki, Coaching und Stressmanagement – ich bin ziemlich erfahren, was das anbelangt. Nur mein Herz liegt eben im erotisch-sexuellen Bereich, weil ich merke, ich kann da viel geben und damit auch mein Geld verdienen.

Die Entwicklung dahin, auch Sex für Geld anzubieten, ist eigentlich ganz folgerichtig. In der letzten Zeit habe ich öfter mit dem Gedanken gespielt, das auch auszubauen. Ich hatte mich hin und wieder schon mal mit Männern gegen Geld getroffen. Das waren »private« Anfragen, wo ich dann dachte, oh Mann, warum eigentlich nicht? Und diesen Schritt jetzt konsequenter weiter zu verfolgen, das hat einfach damit zu tun, daß ich mir über meine Beweggründe einfach klarer geworden bin. Also – nur Geld verdienen, weil ich mich schlecht fühle, weil ich mich benutzen lassen will, aus mangelndem Selbstwertgefühl, oder: Weil ich Geld verdienen will und weiß, ich kann etwas geben. Und für mich ist es eben das Letztere. Ich möchte Geld verdienen mit einer Tätigkeit, bei der ich weiß, ich bin gut. Und ich kann mehr als ein Loch für einen Mann zum Rein und Raus sein. Ich bezeichne mich auch lieber als Kurtisane, als als Hure oder Nutte. Das sage ich manchmal ganz gern, weil es so provokativ ist, aber diese Begriffe haben einen sehr negativen Touch für mich. Kurtisane ist das gehobene Niveau und da weiß ich einfach, das kann ich vermitteln. Wenn die Nachfrage entsprechend ist. Also, wenn ein Mann völlig auf Rein – Raus fixiert ist, kann ich das auch bedienen, ich weiß nur, daß ich so was nicht auf Dauer machen würde. Nach Möglichkeit mache ich aber nur Dinge, die mir Spaß machen, wenn ich es irgendwie hinkriegen kann.

Ich möchte auch eigentlich ganz offen mit diesem Job umgehen, bin mir aber nicht ganz klar, wie weit ich rechtliche Konsequenzen zu befürchten habe, z.B. daß das Finanzamt mich da durchleuchtet. Da muß ich mich überhaupt erst noch informieren. Ich möchte das nur gelegentlich tun und nicht den mords Reibach damit machen, ich möchte schauen, wie es mir damit geht, denn ich möchte nach wie vor auch privat meinen Sex so lustvoll leben wie bislang. Ich kann aber durchaus Freunden gegenüber offen dazu stehen und möchte das auch. Einem Mann, den ich derzeit als meinen »Partner in spe« sehe, habe ich das auch erzählt – das ist überhaupt kein Problem. Es macht ihm natürlich schon zu schaffen, aber wir gehen sehr offen damit um. Er kommt eben aus einer ganz anderen Welt, aus der ich ja ursprünglich auch kam: Ein Mann und eine Frau und – Punkt. Er hatte eben auch nur monogame Beziehungen. Jetzt hat er schon gewitzelt: »Ja und dann sitze ich bei dir und hüte deine Kinder, während du dich mit anderen Männern vergnügst.« Da hab ich dann aber gemeint: »Das ist ja wohl völlig daneben, das finde ich einfach abstoßend, und bar jeden Feinsinns, wenn ich dich auf meine Kinder aufpassen ließe, damit ich in der Zeit meine Liebschaften pflegen kann.« Es gibt Kinderbetreuung, und meine Kinder sind auch so alt, daß ich sie durchaus auch mal allein lassen kann. Es ist für mich selbstverständlich, daß jeder sein Leben lebt und seinen Spaß hat. Wenn er sowieso zu Hause wäre, dann ist klar, daß ich nicht extra eine Kinderbetreuung engagiere, aber er bleibt nicht zu Hause, »damit« die Kinder betreut werden. Aber das ist alles noch weit hin, wir sind ja noch ganz am Anfang mit unserem Kennenlernen.

Mein Männerbild hat sich im Laufe der letzten Jahre mehr und mehr verbessert. Ich sag' zwar immer mal ganz gern wieder: »Scheiß Männer!«, weil es ja auch solche Verhaltensweisen gibt, die mich dazu bringen, aber ich stehe Männern sehr offen gegenüber. Und ich mache ungern Spielchen nach dem Mausefallenprinzip, wo eine Frau sich bedeckt hält und erst dann zuschnappt, wenn ein Mann in die Falle gegangen ist. Ich bin gern klar und ehrlich, und das mag für manche Männer dann auch verwirrend sein. Aber das ist auch okay, da trennt sich die Spreu vom Weizen und ich muß mich nicht mit so furchtbar vielen Anfragen herumschlagen, die nicht in mein Raster passen. Männer sollten im sexuellen Kontakt mehr bei sich und in ihrer Energie sein und sich aus diesem »Bei – Sich – Sein« mir öffnen, so wie ich das auch tue. Daß sie da vielfach noch nicht sind und daß ich sie dahin führen möchte, es zu können, das ist auch mein Hintergrund für diese Arbeit.

»Wenn ich mich schon im Beruf prostituieren muß, dann doch lieber abends als Hure und mit Spaß.«

Annamaria (36, Industriekauffrau)

Ich bin das zweite Kind in der Familie, habe einen größeren Bruder, der aber nur wenig älter ist. Meine Eltern waren relativ jung, als sie uns bekommen hatten, und waren schon in der DDR als Selbständige tätig. Das war eine relativ freie Erziehung, in einer Kleinstadt, und meine Eltern waren nicht so den Zwängen des Systems erlegen. Normal frei, das heißt, daß ich als Kind meine Eltern durchaus auch nackt gesehen hatte und wir waren auch am FKK-Strand. Da bin ich bis zur zehnten Klasse in die Oberschule gegangen und habe, als ich in der achten Klasse war, meinen ersten Freund und Liebhaber kennengelernt. Das fing mit einer ganz jungfräulichen Liebelei an, die sich immer mehr vertiefte. Er war anderthalb Jahre älter als ich. Wir sind halt nach der Schule zusammengeblieben. Als ich mit der Schule fertig war, war er mit der Lehre fertig, dann hab ich meine Lehre gemacht und es war eigentlich von Anfang an klar, daß wir heiraten und Kinder kriegen. Das war so der normale Werdegang von jungen Leuten in der DDR, mit Ehekredit und allem. Allerdings bin ich, im Unterschied zu anderen, fast nie zur Disco gegangen, denn da ich meinen Mann ja schon mit vierzehn hatte, interessierte er mich ja mehr als die Disco. Mit zwanzig bekam ich dann meinen Sohn. Vier Monate später haben wir dann geheiratet. Aber dann passierte es: Als ich ein reichliches Jahr verheiratet war, kam mein Mann durch einen Unfall ums Leben. Ich war also mit zweiundzwanzig Witwe, hatte einen anderthalbjährigen Sohn und mußte mein Leben umkrempeln. Ich hatte dann eine richtige tiefe Trauerzeit von zwei Jahren, in der dich zwar versucht habe, andere Männer kennenzulernen, aber solange man vom ersten nicht Abstand gewonnen hat, klappt das nicht so gut.

Meinen jetzigen Mann, den Bernd, habe ich dann zur Wendezeit kennengelernt. Ich hab' im Oktober 1989 seine Annonce gelesen, hab' ihm geschrieben und er hat mir nicht geantwortet. Da hab' ich gedacht, wer weiß, was bei dem jetzt alles los ist, läßt es einfach sein. Und dachte dann, jetzt versuche ich es nicht mehr so krampfhaft, irgendwann passiert es mir per Zufall, daß ich den Richtigen treffe. Nach einem reichlichen Jahr schrieb er mir dann einen Brief: »Wenn du noch möchtest, dann würde ich dich jetzt gern kennenlernen.« Da hab' ich ein bissel gezögert und dann gedacht, na gut, wir können es ja mal probieren. Er kam dann, stand in meiner Haustür und ich wußte: Der ist es! Das war ein sehr überwältigendes Erlebnis für mich, weil ich mir das so nicht vorgestellt hatte. Heute sind wir zwölf Jahre zusammen. Wir hatten am ersten Abend drei Stunden miteinander geredet, ohne irgendwo eine Verlegenheitspause zu finden. Es war sofort ein Feeling füreinander da, einfach super! Dann haben wir uns nach zwei Tagen wieder getroffen und sind eigentlich nicht mehr aus dem Bett gekommen. Von da an war für uns klar: Wir bleiben zusammen. Nach einem Jahr sind wir zusammengezogen, auf ein kleines Dorf, fünfhundert Seelen groß, und da leben wir seitdem. Wir haben eine sehr glückliche und intensive Beziehung, und es war uns eigentlich nie langweilig, nie alltäglich geworden, etwa so, daß man sich einmal in der Woche noch im Bett trifft und ansonsten mehr nebeneinander her lebt.

Eines Tages bekamen wir Besuch von Freunden, die erzählten von einem Swingerclub und brachten die sogenannte »Ordnung des Clubs« mit. Da stand drin, was man da darf und kann und so weiter. Bis zu diesem Zeitpunkt spielte das Thema freiere Sexualität zumindest für mich keine Rolle. Bernd hatte schon so seine Gedanken, aber er dachte sich, wir sind erst ein reichliches Jahr zusammen, da kann ich sie nicht drängen und ich muß noch ganz vorsichtig damit umgehen. Wir haben uns dann gegenseitig da auch sehr sachte herangetastet, ich hatte ja mit anderen Männern so gut wie keine Erfahrungen. Es war erst mal ein Aneinander-Lernen und sich dann freier Fühlen. Wir liefen schon nackt durchs Haus, aber »man ging nicht fremd«.

Als Bernd mir dann das mit dem Swingerclub erzählt hatte, war meine erste Reaktion: »Mit mir nie!«. Und nach vier Wochen bin ich dann umgefallen. Nicht weil Bernd gebohrt hätte, sondern weil die Freunde es waren, die dann gefragt haben, warum ich das denn nicht mal ausprobieren will. Ja und dann habe ich aber gesagt, da müssen wir erst mal drüber reden. So einfach, von jetzt auf gleich, geht das nicht. Wir haben dann recht intensiv miteinander die ganze Sache besprochen, was ist Treue, was ist Untreue und sind dann darauf gekommen, daß Untreue sehr viel im Kopf stattfindet. Daß also dann das rein Sexuelle mit einem anderen Partner, noch dazu, wenn es der eigene Partner weiß und er eventuell dabei ist, so wie es ja im Swingerclub ist, keine Untreue für uns bedeutet. Das war der Anfang von dem, was wir heute tun. Ich muß klar sagen, daß wir absolut verrückt aufeinander waren. Aber Bernds Reden, daß ich doch mal meinen sexuellen Horizont erweitern könnte und mal ausprobieren sollte, wie andere Männer sind, fiel bei mir auf fruchtbaren Boden, denn diese Neugierde war ja eigentlich da. Ich wußte sie nur nicht auszudrücken. Das ist auch heute noch so, daß er meist viel eher ahnt, was ich will, als ich es selber weiß. Was immer wir gemacht haben, ob es Fotos waren, die wir dann ins Internet gestellt haben oder Ähnliches, bei allen Befürchtungen, die ich zunächst hatte, mir kann doch niemand an den Karren fahren und drohen: »Ich verrate das jetzt deinem Mann.« Mein Mann hat ja die Fotos gemacht. Und es ist ja für ihn nie so, daß ich ihn »betrüge«. Das gibt mir eine Sicherheit und ein Gefühl, daß ich eigentlich alles ausprobieren kann, daß ich meine Lust ausleben kann, die inzwischen Dimensionen angenommen hat, von denen ich mir vor zehn Jahren noch gar nicht vorstellen konnte, was ich alles tun und ausprobieren möchte. Es hat eine Zeit gegeben, in der ich neben meinem Beruf noch eine andere Ausbildung gemacht habe. Zu der Zeit habe ich dann meine sexuellen Bedürfnisse zurückgestellt, weil ich dafür im Kopf keinen Platz mehr hatte. Dann sind wir nicht so oft in den Swingerclub gegangen. Das ging ganz gut, und der Bernd hat immer dafür Verständnis, wenn ich mal sage, daß ich keine Lust auf die Männer habe, laß uns mal irgendwo hinfahren und schwatzen. Er war geduldig, hat mich nie gedrängt und hat immer gesagt: »Wenn du denkst, daß du dich jetzt so wohlfühlst, dann ist es jetzt so. Es kann ja wieder anders werden, wir werden dann sehen, was daraus wird.« Da hat sich dann eben auch dieses tiefe Vertrauen aufgebaut, und unsere Liebe ist in den Jahren immer tiefer geworden. Dabei möchte ich klarstellen, daß es mein Mann nicht etwa nicht »bringen« würde und ich nun etwa die anderen Männer zur alleinigen Befriedigung »brauchen« würde. Er darf und macht all das, was ich tue, ebenso selbstverständlich auch. Ich kann inzwischen die Männer, mit denen ich geschlafen hab', nicht mehr zählen, ich habe irgendwann damit aufgehört. Schon allein durch den Swingerclub. Da gehen wir meist am Samstag hin, aber jetzt weniger, weil sich das Bedürfnis nach vielen Männern dort nicht mehr so realisieren läßt. Denn die Clubs schauen mehr nach den Frauen. Gerade am Samstag sind es sehr oft Paarabende, denn viele Paare stören sich an zu großem Männerüberschuß. Und der ist gerade für mich wichtig. Und ich bin bisexuell, andere Frauen interessieren mich auch. Wenn ich ein Mädel finde, wo die Chemie stimmt, dann kann ich auch mit einem Mädel wunderbar spielen. Aber vorrangig geht es mir um viele Männer – also wenn es ein guter Gangbang ist, dann sind es sieben, acht, neun. Das ist ein wahnsinniges Gefühl der Bestätigung für mich, daß die Männer innerhalb von ein, zwei Stunden alle ihren Schwanz hochkriegen und mich bumsen. Die Bestätigung, ich bin eine Frau, die sie geil finden. Das ist es. Im normalen Leben bin ich eine ganz normale Hausfrau, Mutter und Berufstätige. Da spielt das Sexuelle überhaupt keine Rolle. Eine unter vielen. Und dann verwandle ich mich: Ich ziehe Dessous an, gehe zum Teil nur mit Mantel und Strümpfen bekleidet da hin und habe schon auf dem Weg dahin den Gedanken: »Werde ich es auch schaffen und finden die mich dann auch geil?«. Und die Bestätigung, daß das dann so ist, daß ich eine begehrenswerte Frau bin, das macht mich an. Es ist wie ein Rollenspiel für mich. Ich bin eine andere und fühle mich damit unheimlich wohl, weil ich völlig befriedigt nach Hause gehe, auch wenn ich an so einem Abend vielleicht sogar keinen Orgasmus hatte – ich bin völlig befriedigt, gehe nach Haus und sage: »Wow, das war schön.« Daß es weiterhin Spaß macht, liegt aber auch an der Mischung: Mal diese Art Gangbang, dann die Clubs, wo man erst in Kontakt miteinander kommt, bevor man auf die Matte geht, und dann vielleicht Parkplatzsex, bei dem ja alles auch völlig anonym ist. Ich möchte mich niemals auf das eine oder auf das andere festlegen.

Und deswegen ist der Weg zur Hure auch ein Teil von mir, den ich unbedingt ausprobieren möchte. Mit einem Mann, für eine Stunde oder zwei. Wie es gerade ausgemacht ist. Ihm all meine Lust zu schenken. Mit der Bezahlung sehe ich das nicht so, als ob ich mich verkaufen würde. Ich betrachte es eher als eine Art Trinkgeld. Eine Belohnung dafür, daß ich dem Mann Lust geschenkt, ihm einen Traum erfüllt habe, so daß er sagen kann: »Das war keine Professionelle, es war einfach eine ganz normale Frau von nebenan, die zu mir kam und mit der ich Supersex gehabt habe.« Die Lust soll und wird für mich im Vordergrund stehen. Für diesen einen Mann. Natürlich kann es mal einen Reinfall geben, daß man absolut keinen Draht zueinander aufbauen kann. Aber es soll in der Regel nicht so sein, daß ich meine Dates mache und mich dann hinterher frage, huch, was war denn das jetzt? Dann müßte ich mich auch mit Recht fragen, ob es das Richtige für mich ist. Allerdings, so etwas wie SM-Spiele würde ich beispielsweise bei solchen Treffen nie machen, dazu bedarf es für mich eines tieferen Vertrauens. Das mache ich nur mit Bernd. Wir machen das, gelegentlich, seit vier oder fünf Jahren, aber nur als Rollenspiel, da bin ich dann die Devote. Das

Huresein ist sozusagen ein Ausdruck dieses »SM-Rollenspiels«, mein Mann hat dabei die Rolle des »Zuhälters«.

Bernd hat eine eigene Firma, und ich bin Industriekauffrau in einem stinknormalen mittelständischen Unternehmen. Ich versuche in meiner Firma, soweit es geht, mich offener zu verhalten als die anderen. Also ich hatte einen Kollegen, einen ganz lustigen und netten Typ. Und dann fielen doch mal Spitzen, als er in Scheidung lag und nach einer neuen Frau suchte. Ich meinte dann nur, wenn es ihn mal ganz doll drücken sollte, dann könnte er ja zu mir kommen. Meistens gehen die Kollegen ja gar nicht auf so etwas ein, weil sie es sich nicht wirklich vorstellen können. Aber mir selbst macht es doch wahnsinnigen Spaß, mal so herausgucken zu lassen, daß ich doch nicht so die Normale bin. Und ich würde mir auch wünschen, daß ich mich mit dem Kollegen mal kurz zurückziehen könnte, aber natürlich passiert das nicht, weil sich keiner traut. Denn der Kollege kann sich nicht so weit in mich hineinversetzen, daß er sich vorstellen kann, daß ich das wirklich tun würde. Ich wäre glücklicher, wenn diese Spaltung zwischen Beruf und privat nicht so da wäre. Ich möchte keine Beziehung daraus machen, wie in bestimmten Fernsehserien, ich habe meinen Bernd und bin vollkommen zufrieden, aber – es passiert einfach nicht viel. Eine kleine Abwechslung neben der Arbeit wäre manchmal ganz schön. Aber die Umgebung ist ganz einfach so konservativ, daß das nicht stattfindet. Ich habe gerade heute in der Firma einen Scherz gemacht, weil ich für meinen Mann eine Adresse von einem Kunden ausfindig machen sollte, der einen Puff betreiben soll. Und da fragte meine Kollegin, wie ich denn an den herankommen will. Naja, meinte ich, ich melde mich dann eben mit irgendeinem Vornamen und sag, ich wäre eine, die für ihn arbeiten will. Da war sie ganz entrüstet und meinte dann aber, das würde ich doch sowieso nicht tun. Und ich kann auch gar nicht wirklich den Eindruck erwecken, daß es anders ist, weil es niemand verstehen würde.

Es ist auch so, daß wir gegenüber unseren Freunden, die auch Nachbarn sind, was das betrifft, völliges Stillschweigen wahren.

Denen haben wir das alles nie erzählt. Und es wird mit der Zunahme unserer sexuellen Ausschweifungen auch immer schwieriger, mit ihnen noch gemeinsame Themen zu finden. Je mehr wir erleben und je mehr wir Freude empfinden und glücklich miteinander sind, um so weniger können wir erzählen. Natürlich haben wir auch Freunde, mit denen wir das teilen, aber wir können die anderen nicht ganz vor den Kopf stoßen. Wir haben bei unseren Unternehmungen auch immer mehr Menschen gefunden, die gleiche Wege gehen. Das sind dann zum Teil auch Geschäftsfreunde geworden, denen wir dann in der Öffentlichkeit ganz normal begegnen, und wir können uns eine Woche später am Abend treffen und haben den besten Sex miteinander. Das ist das Schöne, daß wir da auch Menschen gefunden haben, mit denen wir mehr als nur Sex haben und Freundschaften entwickeln konnten. Aber mit denen, die wir länger kennen, wird es zunehmend problematisch, was die Gesprächsthemen betrifft. Und weil es Nachbarn sind, kann man diese Freundschaften in so einem kleinen Ort auch nicht einfach aufgeben. Wir sind ja im Dorf auch in einem Verein und man läuft sich ständig über den Weg. Aufgeben können wir diese Freunde nicht, denn dann würden wir uns zum Außenseiter machen. Und das ist hier eben so, daß noch viel für die Gemeinschaft getan wird, und wo sich auch jüngere Leute noch engagieren. Das hat sich auch bei der Hochwasserkatastrophe gezeigt, wo wir dann alle in die Nachbarorte gefahren sind, um da zu helfen.

Es ist natürlich nicht so einfach, unsere Aktivitäten in so einem Ort zu tarnen. Wenn es um die angemessene Bekleidung geht, dann nutzen wir Bernds Büro als Startpunkt für unsere Unternehmungen, das ist ja nicht hier im Dorf. Dann kann ich schon völlig verkleidet losgehen. Ansonsten gibt es natürlich Mäntel, die viel verdecken und: Es findet nichts um Umkreis von zehn Kilometern statt. Das Zuhause ist tabu. Auch für Freunde aus den Swingerkreisen. Mit denen treffen wir uns im Büro. Es ist seine Firma, er kann da tun und lassen, was er will. Mein 15jähriger Sohn und meine Schwiegermutter leben in einem Haus mit uns und das muß man mit berücksichtigen. Einerseits bin ich so die Ehefrau vom Lande, auf der anderen Seite das verrückte Luder. Das mit dem Sex wird bald zu einer Sucht, zu einer wunderschönen Sucht. Mein Sohn weiß inzwischen, daß ich keinen »Blümchensex« habe. Ich muß ja meine Dessous waschen und ich habe keine Lust, den Wäschetrockner ins Schlafzimmer zu räumen und ihm den Zutritt zu verbieten. Er weiß seit einem Jahr, daß wir Pornos gucken, ohne sie selbst anzusehen. Sex ist für ihn nichts Schlechtes, es ist nichts dran, was unschicklich wäre, was nur hinter verschlossenen Türen stattfinden dürfte, so wie wir das noch vor dreißig Jahren von unseren Eltern mitgekriegt haben. Ich habe eigentlich immer Wert darauf gelegt, Sex als etwas zu vermitteln, was natürlich ist und zum Leben gehört. Mein Sohn darf jederzeit zu mir ins Bad kommen, wenn ich nackt bin. Ich bin gepierct. Meine Schamlippenpiercings habe ich ihm nicht sofort gezeigt. Die hab ich jetzt dreieinhalb Jahre und die konnte ich ja gut verstecken. Dachte ich. Er hat die, als er dreizehn war, im Sommerurlaub ganz offensichtlich betrachtet, weil ich nackt im Garten stand und er so von der Terasse schaute, daß er mir in den Schritt gucken konnte. Da hab ich ihn gefragt: »Was guckst du jetzt?« Und da meinte nur: »Deine Piercings, die kenne ich schon, die hab ich schon im Bad gesehen«. Und als ich mir dann vor zwei Jahren Brustwarzenpiercings habe machen lassen, hab' ich ihm das sofort gesagt, denn die müssen ja heilen. Und da wir eine sehr gefühlsbetonte Beziehung zueinander haben und uns viel in den Arm nehmen, mußte ich ihm dann ja sagen: »Du darfst mich heute nicht so doll drücken.« Ich hab' ihm das dann erklärt und er ist heute sozusagen der beste Beschützer meiner Piercings – wenn ich mich mal stoße und das dann weh tut, dann kommt er und sagt: »Aber Mutti, du darfst das doch nicht so machen, du mußt dich doch vorsehen!« Also solche Sachen sind für ihn selbstverständlich. Ich habe ihm auch gesagt, daß er jederzeit mit mir reden kann, wenn er ein Problem damit hat, wie ich lebe, und daß er das nicht aufschieben soll, sonst wird es nur schlimmer. Und ich denke, ohne daß er alles weiß, so geht es, daß er damit klarkommt. Er ist ja in einem Alter, wo er selbst eine Freundin hat, und wir reden auch über Treue und Untreue. Ich versuche ihm dann immer meinen Standpunkt klarzumachen, daß Untreue dort anfängt, wo der andere nicht mehr Bescheid weiß. Ich sag' ihm nun zwar nicht, daß ich Sex mit anderen Männern habe, aber ich denke, er wird da irgendwann hinter kommen. Untreue fängt immer bei einer Lüge an, die wichtige Dinge in einer Partnerschaft betrifft. Auf diese Weise komm' ich mit meinem Sohn ganz gut klar.

Demnächst wird also mein erstes Date als Hure stattfinden und ich stelle mir das idealerweise so vor: Ich werde einen Mann im Hotel besuchen, mit dem Bernd das Treffen vereinbart hat. Er wird mich dahin bringen und entweder im Auto warten oder an der Bar. Ich werde den Fahrstuhl nehmen, zu seinem Zimmer fahren, anklopfen. Ich werde nichts weiter anhaben, als einen schönen warmen Mantel und halterlose Strümpfe, ich werde dann wahnsinnig aufgeregt sein, das Herz wird bis zum Hals klopfen, ich werde nicht so recht wissen, was mich erwartet. Ich weiß wohl, daß mich Sex erwartet, daß ich meine Lust einem mir völlig fremden Mann darbieten werde, und mir zum Ziel gesetzt habe, ihn zu befriedigen. Daß ich mir recht viel einfallen lassen muß, damit ich das auch so hinkriege, daß er am Ende sagen kann: »Mir hat's gefallen, ich möchte Sie, wenn ich das nächste mal in der Stadt bin, wieder treffen.« Wir werden eventuell einen Schluck Sekt miteinander trinken, damit das Date etwas lockerer anfängt. Und da wir diesen Sekt auf der Bettkante sitzend zu uns nehmen, können wir uns ja dann streichelnd aufeinander einlassen...

Das ist natürlich nur meine Idee dazu. Wichtig ist für mich immer, daß ich dabei meine Lust ausleben kann, daß es mir Spaß macht, und daß ich ihm gefalle, auch optisch. Ich bin nicht superschlank, hab doch recht weibliche Formen, nicht unbedingt zu viel Busen, gut gebaute Hüften, viel Hintern. Männer sagen, sie haben was zum Angreifen in der Hand. Und ich hoffe, wenn ich den Mann mit all dem zufriedenstellen kann, ist es für uns beide ein großes Erlebnis. Ich möchte nicht, daß es nur ihm Spaß macht. Ich möchte hinterher sagen: »Hurra, ich hab mir einen Schein verdient, es war super und hat mir Spaß gemacht.« Daß ich eben auch den Spaß bekomme, den ich im Job so nicht habe. Je schwieriger hier im Osten das Berufsleben wird, je mehr wir uns dem westlichen System angleichen, um so mehr wird es einem »gelernten DDR-Bürger« deutlich, daß man sich vollkommen verkauft im Job. Daß man sich reduziert darauf, Ausführende zu sein und es völlig egal ist, ob man Spaß dabei hat oder mit Lust am Morgen zur Arbeit geht. Arbeiten gehen reduziert sich auf Lebensunterhalt-Verdienen, anwesend sein, das gesteckte Ziel erreichen, die Qualität ist zum Teil weniger wichtig, sondern nur die Menge. Was schaffst du in welcher Zeit, das ist eine Reduzierung des Menschen. Und das, was eigentlich Spaß machen sollte am Job, der Erfolg, das Wissen, ich bin gut in dem, was ich mache, das Wissen, das ich mir speziell aufgebaut habe, das interessiert niemanden. Es geht nur um die Menge, das Abrechenbare. Und das wird immer mehr zum störenden Effekt für mich. Nur man kommt aus diesem Job nicht raus, weil es keinen anderen gibt. Ja, und da sag' ich mir, wenn ich mich schon im Beruf prostituieren muß, dann doch lieber richtig am Abend als Hure und mit Spaß. Das ist das Tolle an dieser Rolle, der Spaß ist es, der einen so glücklich macht, daß ich sagen kann, wenn ich den gehabt habe, dann kann ich auch wieder in meinen Job gehen und meine Seele verkaufen, ich habe ja noch was anderes. Im übrigen ist Bernd der Meinung, daß mein zweites Ich ohnehin das einer Hure wäre, nur die Bezahlung hatte bisher gefehlt.

Prostitution ist ganz wichtig in unserer Gesellschaft. Es gibt viele Männer, die sich in ihren Beziehungen so unbefriedigt fühlen, die unbedingt mal raus müssen. Und warum soll es da nicht Prostituierte geben, die ihnen Lust und Erfüllung geben können. Dann gehen sie zurück zu ihrer Frau, die sie ja eigentlich nicht aufgeben wollen, weil Familie und Kinder daran hängen, und kommen dadurch mit der Situation relativ gut klar. Also das ist ein ganz wichtiger Job, denn er rettet Ehen. Sonst gäbe es eine Menge mehr Scheidungen. Und das hat es ja auch in der Geschichte der Menschheit schon immer gegeben. Weil es eben wichtig war. Früher wurden Ehen gestiftet, und die mußten dann sehen, wie sie miteinander klarkommen. Und warum dann nicht wenigstens die Sexualität so ins Gleichgewicht bringen, daß der Rest des Lebens gerettet werden kann?

Jenseits der Moral?

Partnerschaft, Sex und Prostitution

Eine Nachbemerkung von Felix Ihlefeldt

Mancher Leser mag sich gefragt haben, was den Autor veranlaßt haben könnte, dieses Buch zu schreiben. Nun, mich interessiert schon immer und nicht nur von Berufs wegen das, was Menschen zu einem bestimmten Verhalten veranlaßt. Warum sind Menschen so, wie sie sind? Vor allen Dingen natürlich solche, die etwas Unkonventionelles tun, aber nie wirklich Gehör finden, weil sie sich konträr zu den moralischen Soll-Werten der Gesellschaft verhalten. Sie werden entweder einfach nicht beachtet, von vornherein verurteilt, oder mit ihren Ansichten durch Sensationsreportage auf das zurechtgekürzt, was sich auflagensteigernd verwerten läßt. So läßt sich die Frage, ob sich jemand mit dem Ausüben oder Nutzen von Prostitution »jenseits der Moral« bewegt, ja nur unter Berücksichtigung des Kontextes beantworten: Mit Sicherheit ja, – wenn die Moraltheologie eines Karel Wojtyla der Bezugsrahmen eines Menschen ist, und das, obwohl die katholische Kirche Prostitution immer geduldet und damit der Doppelmoral Vorschub geleistet hat. Nein, wenn man sich davon freimachen kann und weniger auf das Was schaut, als auf das Wie: Also welche Haltung, welche Sehnsucht steckt hinter dem Handeln und letzten Endes – wird dadurch jemandem Schaden zugefügt? Oder wenn man, positiver gesehen, vielleicht sogar mit der ehemaligen katholischen Theologin Heidemarie Emmermann sagen kann: »Ich glaube an Gott, der mir meine Liebe, meine Leidenschaften, meine Abhängigkeiten gibt, die ich nicht tragen will, wie ein Kreuz, sondern annehmen will, wie einen Auftrag.« *

Bücher von professionellen Huren und über sie gibt es bereits zur Genüge, aber sie geben nicht die ganze Wahrheit zu diesem Thema wieder. Der Gedanke an Prostitution verursacht noch immer bei vielen moralische Bauchschmerzen, weil sich solche Frauen gegensätzlich zum offiziell propagierten romantischen Liebesbild verhalten, demzufolge Sexualität ausschließlich – beeinflußt von konservativ-christlichen Wertevorstellungen –, wenn schon nicht in die Ehe, dann zumindest in eine partnerschaftliche Liebesbeziehung gehört. Hobbyhuren setzen dem Tabubruch insofern noch die Spitze auf, als sie sich nicht nur in der Regel frei entscheiden, aus diesem Wertesystem auszubrechen, sondern es auch vielfach noch mit Lust tun. Damit entfällt der feministisch-moralisierende Vorwurf, sie seien ja nur arme Opfer, die von bösen Männern gezwungen worden wären, sich zu prostituieren. Bei allen im Buch interviewten Frauen hat die Tätigkeit als Hobbyhure etwas mit der eigenen Sexualität zu tun und nicht nur mit der der Männer oder mit dem lockenden Verdienst. Bei einigen war allerdings die Möglichkeit, damit Geld zu verdienen, ein wichtiges Motiv, ohne das die Entscheidung nicht so gefallen wäre.

Mich faszinieren Frauen, die ihre sexuelle Lust selbstbestimmt und in gewisser Weise offensiv leben. Sie tun im Grunde das, was Männer sich schon immer erlaubt haben, und es ist für einen Mann leichter, mit ihnen im erotischen Kontakt konkret zu werden, als mit der Unbekannten von nebenan. Er muß keine komplizierten Umwege beschreiten, um eine solche Frau zu »verführen«, ohne zu wissen, ob es letztendlich gelingen wird. Und sollte man sich nicht gefallen, nimmt man es viel weniger persönlich, als wenn es dabei auch um »Beziehung« bzw. »Liebe« ginge. Man geht also nicht erst mit ihr essen, um etwas zu erreichen, sondern wenn überhaupt, um die Atmosphäre der Begegnung zu verschönen. Und wenn es nicht

* *(Credo an Gott und sein Fleisch, Hoffmann & Campe 1991, S. 9)*

»stimmig« ist, kommen beide ohne seelische Blessuren wieder leicht aus der Situation heraus. Das ist klar und ehrlich – es sind Begegnungen ohne die üblichen »Spielchen«, denn Hobbyhuren geht es in der Regel um Lust und nicht um Liebe.

Die Faszination des käuflichen Sex gibt es schon lange, nicht umsonst spricht man vom »ältesten Gewerbe der Welt«. Alle Abwehrversuche von Kirchen und anderen Moralinstanzen haben daran nichts geändert. Und ein, aber eben nur ein Grund dafür ist die sexuelle Unzufriedenheit der Partner in vielen Beziehungen. Ich glaube, daß es Prostitution so lange geben wird, wie dieser Konflikt nicht gelöst ist. Ob es sie in einer utopischen »Gesellschaft allseitiger sexueller Zufriedenheit« noch geben wird? Wer weiß schon, ob die Menschheit jemals einen Stand der authentischen Kommunikation erreichen wird, der für eine solche Gesellschaft unerläßlich wäre? Das Wesen der Prostitution würde sich dann wandeln, sie wäre mehr ein bereicherndes Ritual des Ausstiegs aus der Normalität als ein sexueller Notfalldienst am unbefriedigten Mann. Das gab es bereits in ferner Vergangenheit – man denke nur an die Tempeldienerinnen der Antike.

Sexuelle Unzufriedenheit ist jedoch nur ein Grund für die immerwährende Konjunktur der Prostitution. Ein anderer wesentlicher Grund liegt in der Sehnsucht nach Abwechslung ohne Komplikationen – d.h. nach der Berührung fremder Haut ohne Beziehungsstreß.

Die Wurzeln dieser Sehnsucht liegen wohl in der Promiskuität, die auch im Tierreich bekannt ist. Der Mensch hat sie geerbt und ist daher an sich nicht monogam veranlagt. Viele vergewaltigen sich, indem sie ein Modell zu leben versuchen, das ihnen nicht entspricht, nur weil sie so erzogen wurden oder weil sie meinen, es sich nicht anders leisten zu können. Man denke nur an die Prominenten, die im Blickpunkt der Öffentlichkeit stehen und an den Wirbel, den gewisse Medien veranstalten, wenn der ach so seriöse Herr Minister plötzlich eine Affaire offenbart. Und damit zeigt, daß auch er keineswegs ein Heiliger ist.

Das soll nicht heißen, daß ich gegen Monogamie wäre – ich bin gegen nichts, was in einer Beziehung funktioniert. Das ist auch meine Intention in der partnerschaftlichen Krisenberatung: Menschen beim Finden der ihnen entsprechenden Lösung behilflich zu sein. Wenn sich die Menschen doch nur wirklich bewußt entscheiden würden, monogam zu leben! Nicht um irgendeiner erlernten Regel zu folgen, sondern um etwas auszuprobieren, wohl wissend, daß das immer ein Versuch auf unbestimmte Zeit ist. Aber statt dessen verzichten die meisten Paare von vornherein auf eine unbefangene Erörterung dieses Themas und setzen stillschweigend partnerschaftliche Treue mit Monogamie gleich. Wehe, der andere hält sich nicht daran, dann ist die Katastrophe da, es wird von Vertrauensbruch gesprochen, man fühlt sich hintergangen. Dabei hat es doch meist nie eine ausdrückliche diesbezügliche Vereinbarung gegeben, denn dafür wäre ein angstfreies und offenes Gespräch nötig, das auch Tabuthemen einschließt. Die fehlende Übereinkunft wird nicht selten durch eine Drohung ersetzt: »Wehe, du gehst mal fremd! Das wäre das Ende unserer Beziehung.« Was aber haben derartige moralische Erpressungen mit wirklicher und erwachsener Liebe zu tun? Vielmehr ist das doch ein Zeichen von Verlustangst – Heimlichtuerei und Doppelmoral werden alle Türen geöffnet. Eine Treue, als »zueinander halten« statt »den Partner besitzen« verstanden, läßt sich allein durch Sex mit anderen nicht so leicht erschüttern. Interessanterweise empfinden viele Männer Sex mit einer Hure nicht als »Fremdgehen«, da es sich für sie nicht um eine die Beziehung bedrohende Affaire handelt, sondern um etwas irgendwie Besonderes, jenseits der Partnerschaft.

Vielleicht kann man einander nur dann treu sein, wenn man auch andere lieben darf. Wohlgemerkt: darf! Also ohne es zu müssen. Das setzt jedoch voraus, daß Menschen lernen, offen und ehrlich auch über ihre sexuellen Bedürfnisse zu reden. Daß sie lernen zu erkennen, daß jedes Bedürfnis zunächst einmal jenseits von Gut und Böse und für sich genommen berechtigt ist – aus einem einfachen Grund: Es ist da und läßt sich nicht wegschwindeln. Die Bewertung

– was bedeutet es, wo kommt es her, wie gehe ich damit um – ist erst der nächste Schritt. Und zu dieser Bewertung gehört die Einsicht, daß Sexualität und Liebe nicht zwangsläufig zusammengehören müssen. Ich kann lieben, ohne Sex zu haben, ich kann (und sollte) wenn, dann liebevollen Sex haben und ich kann eine Liebesbeziehung mit Sex haben. Aber die Menschen neigen dazu, das alles in einen Topf zu werfen und vergessen, daß dieses Liebesbild historisch gesehen erst seit kurzer Zeit besteht, seit dem Beginn der Industriegesellschaft und der Vereinzelung des Individuums. Sie reagieren enttäuscht und wütend, wenn diese Lösung nicht funktioniert, suchen nach Schuldigen und entwickeln ein gefährliches Gewaltpotential, das dann zu eigentlich vermeidbaren Verletzungen und Trennungen führt.

Natürlich steht hinter der Sehnsucht nach ungeteilter Treue immer auch ein ganz tiefes Bedürfnis nach Geborgenheit. Aber das hängt wieder mit den vielen Defiziten zusammen, mit denen wir von Eltern, die ihr Bestes gaben, es aber auch nicht besser wußten, ins Leben entlassen wurden. Die Partner müssen dann gegenseitig für die Verletzungen herhalten, die sie in der Erziehung erlitten haben. Viele Beziehungen sind damit einfach überfordert: Männer werden wieder zu Söhnen, Frauen erschöpfen sich in der Rolle der Übermutter, andere Frauen degenerieren zu Töchtern, weil sie sich innerlich vom Vater nicht gelöst haben und der Partner nun dafür herhalten muß. Das ist auf Dauer zutiefst unbefriedigend für alle Beteiligten, und der Eros erlischt in solchen Konstellationen. Aber das Leben mit seinen vielfältigen Reizen läßt sich dadurch nicht aussperren – Fremdgehen ist dann bereits vorprogrammiert. Partnerschaften werden also zu Fluchtburgen scheinbarer oder erträumter Geborgenheit in einer kalten Konkurrenzgesellschaft, die es sich leistet, geschlossene Zweierbeziehungen zum Idealmodell zu erklären, statt sich selbst zu mehr Humanität zu verändern.

In diesem Sinne sind manche Prostituierte »Notfallhelfer«. Dies könnten aber noch wesentlich mehr von ihnen sein, wenn die Prostitution nicht nur ein geduldeter Erwerb, sondern ein gesellschaftlich anerkannter Beruf oder mindestens eine allseits geachtete Tätigkeit wäre. Aber sie ist eben vielfach lediglich ein elender Job, und auch Hobbyhuren kommen ungewollt mit der negativen Seite der Prostitution in Berührung, wenn sie sich das »Anschaffen« wie Anna und Ursula organisieren, so daß sie sich fast wie Profis fühlen, ohne es deswegen schon zu sein. Womit im übrigen auch deutlich wird, daß die Grenzen zwischen »Hobbyhure« und »Profihure« durchaus fließend sind. Obwohl es selbstverständlich Profihuren gibt, die ihre Arbeit gern und mit Lust machen, erleben viele Männer das Abgefertigtwerden im Stil von Fast-Food-Sex als die übliche Praxis in vielen Bordellen, es sei denn, sie zahlen ein halbes Vermögen für ein Luxus-Callgirl. Manche Männer scheinen damit zufrieden zu sein, liest man die »Testberichte« in einschlägigen Internetforen. Andere ärgern sich über hinausgeworfenes Geld, suchen nach Alternativen und finden sie im Hobbybereich. Das hängt natürlich auch mit der gesellschaftlichen Diskriminierung und Stigmatisierung der Prostitution zusammen, mit Illusionen mancher junger Frauen vom schnell verdienten Geld, mit falschen Versprechungen von Zuhältern und Bordellchefs, sowie damit, daß Frauen für diese Tätigkeit keinerlei Ausbildung erhalten, weil es nach herrschender Ansicht ausreicht, daß eine Frau einfach nur gut aussieht, nett ist, sich »verkaufen« kann und mit dem, was sie tut, dann irgendwie klarkommt. Eine Achtzehnjährige sieht sicher knackig aus, aber sie ist in ihrer eigenen Sexualität meist noch viel zu wenig gefestigt, um auf Dauer diesen Job gut zu machen, ohne sich dabei selbst zu schädigen. Sie hat noch kein wirkliches Fundament eigener Erfahrung von beglükkender Sexualität und muß sich daher von dem, was sie tut, schon aus Selbstschutzgründen innerlich distanzieren. Sie spielt dann bei den Männern nur noch eine Rolle, in der ihre eigene Lust nicht mehr vorkommt, und verliert auf Dauer ihre eigenen sexuellen Bedürfnisse. So ist es oft, zum Glück nicht bei allen, und einige meistern das dennoch irgendwie für sich befriedigend. Die sogenannte »naturgeile« Profihure, die sich bei manchen Männern auch ihre eigene Lust gestattet, ist eher eine Ausnahme als die Regel.

In diesem Sinne sind erfahrene Frauen als Hobbyhuren, für die Prostitution ein freiwilliges Rollenspiel auf Zeit ist, fast im Sinne einer Selbsterfahrung, eine gewaltvermindernde und lustspendende Bereicherung: für die Männer, für Beziehungen, die an sexuellen Defiziten andernfalls zu Grunde gingen, für das Ansehen der Huren allgemein und eben auch für die Gesellschaft, weil sie das Gewaltpotential vermindern.

Das Buch ist und sollte kein »ideales Buch« werden, in dem nur Frauen dargestellt werden, die eine von mir für »wünschenswert« gehaltene positive Einstellung haben. Es ist ein buntes Bild entstanden, und ich bin durchaus nicht der Meinung einiger interviewter Frauen. Aber alle gehören zum sicher trotz der Vielfalt der Auswahl unvollständigen Gesamtbild. Der Leser hat sich an dieser Stelle längst seine eigene Meinung gebildet. Ich wünsche mir, daß das Buch ein Anlaß ist, über die eigene Sexualität, die eigenen Wünsche und die eigene Art, die Liebe zu leben, nachzudenken.

DAS LEXIKON DER PROSTITUTION

Das ganze ABC der Ware Lust – Die käufliche Liebe in Kultur, Gesellschaft und Politik

Glaubt man »offiziellen« Schätzungen, nehmen 1,2 Millionen Freier täglich das Angebot von 400.000 Prostituierten in Anspruch. Zusammen setzen sie jährlich rund 6 Milliarden Euro um. Dennoch wird dieser »Markt« totgeschwiegen. »Das Lexikon der Prostitution« offenbart die Fakten und zeigt Zusammenhänge auf.

Es stellt wichtige Vereine und Institutionen vor, wie die Beratungsstelle Hydra, das Frauenprojekt Kassandra oder den Bundesverband Sexuelle Dienstleistungen e.V. »Das Lexikon der Prostitution« erklärt Fachtermini: Wer hat Blockschulden? Wer kobert? Was heißt sakrale Prostitution? Und wieso sind Ausdrücke wie Hurenbock oder Hurensohn täglicher Sprachgebrauch?

Natürlich werden auch Rotlicht-Größen porträtiert wie Domenica, die bekannteste Hure Deutschlands, Willi Bartels, der König von St. Pauli, oder Erwin Ross, der Rubens der Reeperbahn. In Interviews kommen sowohl Prostituierte, Callboys und Zuhälter als auch Sozialarbeiter, Ärzte und Rechtsexperten zu Wort.

Marcel Feige
DAS LEXIKON DER PROSTITUTION
Das ganze ABC der Ware Lust –
Die käufliche Liebe in Kultur, Gesellschaft und Politik
736 Seiten, 20 Abb., Taschenbuch
ISBN 3-89602-520-1
14,90 EUR

EXTREM! 2

Frauen, Männer und Paare erzählen
von der Lust an ihrer Leidenschaft

Die Fachpresse war sich einig: »Extrem!« wird seinem Titel gerecht. Für »Extrem! 2«, den Nachfolger des erfolgreichen Bestsellers, hat sich Christoph Brandhurst erneut auf die Suche nach Menschen gemacht, die ihre Fantasien ausleben. Sechsundzwanzig Frauen, Männer und Paare offenbaren ihre sexuellen Vorlieben. Wie setzen sie ihre Träume und Fantasien um? Alexandra und ihr Mann André schildern ihre Besuche im Swingerclub, Heide und Peter ihre privaten Bondage-Sessions. Rolf will seine körperlichen Grenzen austesten – er ist süchtig nach Intimpiercings. Für Cora sind Sexualität und Schmerz untrennbar miteinander verbunden, sie liebt es »völlig ausgeliefert und überall zugänglich« zu sein. Der Fotograf Tom fühlt sich mit seinen Bildern ganz dem SM verpflichtet. »Extrem! 2« ist ein spannendes Lesebuch, das neue Perspektiven eröffnet und illustriert, wie man dem eigenen Leben und der eigenen Lust einen neuen Kick verpassen kann.

Christoph Brandhurst
EXTREM! 2 – Frauen, Männer und Paare
erzählen von der Lust an ihrer Leidenschaft
256 Seiten, Taschenbuch,
ISBN 3-89602-614-3
9,90 EUR

IMPRESSUM
Felix Ihlefeldt
ABENTEUER HURE
Prostitution als heimliches Hobby
Frauen erzählen über Lust, Selbstbestimmung und Geld

ISBN 3-89602-430-2

© bei Schwarzkopf & Schwarzkopf Verlag GmbH, Berlin 2005
Zweite Auflage

Alle Rechte vorbehalten. Dieses Werk ist urheberrechtlich geschützt. Jede Verwendung, die über den Rahmen des Zitatrechtes bei korrekter vollständiger Quellenangabe hinausgeht, ist honorarpflichtig und bedarf der schriftlichen Genehmigung des Verlages.

BILDNACHWEIS
Titelfoto: Georg Guillemin

KATALOG
Wir senden Ihnen gern unseren kostenlosen Katalog.
Schwarzkopf & Schwarzkopf Verlag GmbH
Kastanienallee 32, 10435 Berlin.
Telefon: 030 – 44 33 63 00
Fax: 030 – 44 33 63 044

INTERNET
Ausführliche Informationen zum
Verlagsprogramm finden Sie im Internet:
www.schwarzkopf-schwarzkopf.de

EMAIL
info@schwarzkopf-schwarzkopf.de